鉄人の思考法

１９８０年生まれ、戦い続けるアスリート

二宮寿朗

全撮影／熊谷 貫

自分のことを知っているのはやっぱり自分。

鉄人の思考法

01

Nakamura Kengo

Football Player

Nakamura Kengo
2018.10.30 @kawasaki

投手は自分から投げることを始める。

鉄人の思考法

02

Tateyama Shohei

Baseball Player

基本的にはすべて

自分の責任。

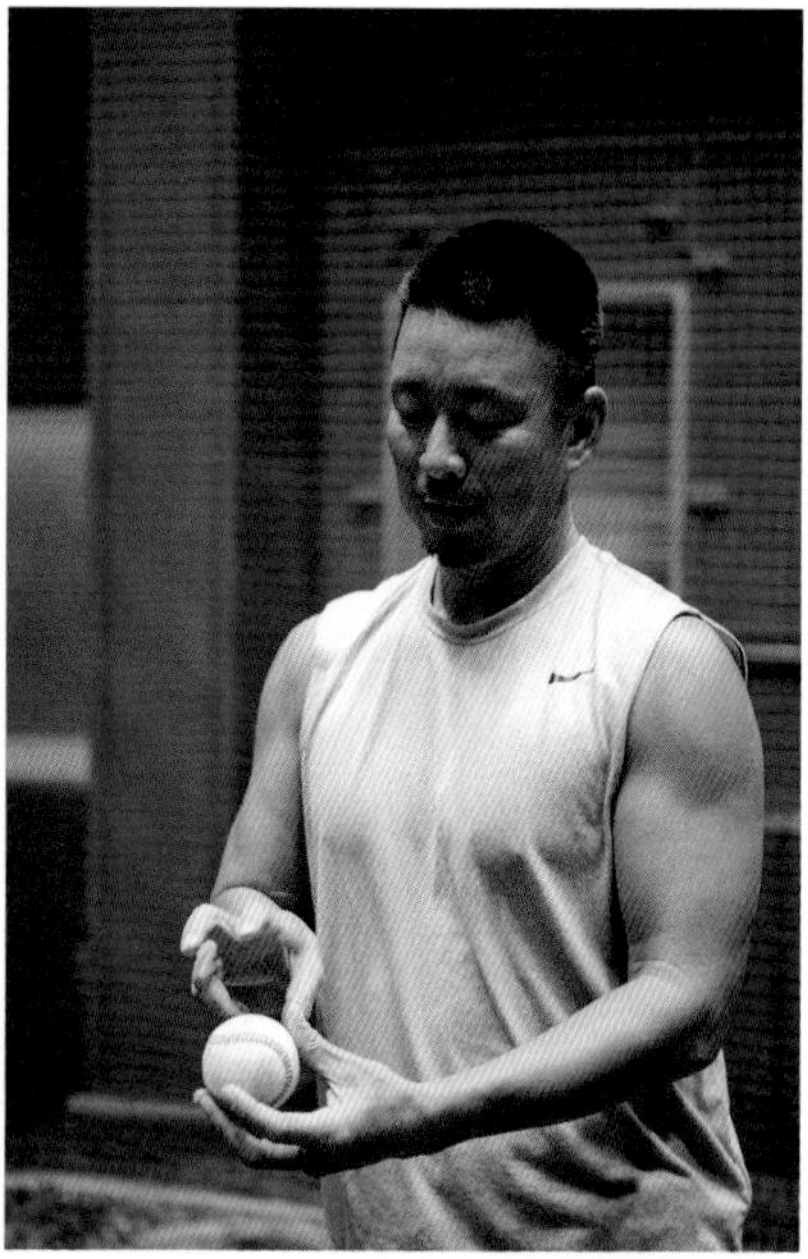

Tateyama Shohei
2019.1.22 @Toda

鉄人の思考法

03

Oguro
Masashi

Football Player

フォワードの仕事は
とにかくゴールすること。

Oguro Masashi
2019.3.20 @Utsunomiya

鉄人の思考法

04

Tamada Keiji

Football Player

まわりを輝かせた上で自分が輝く。

Tamada Keiji
2019.5.16 @Nagasaki

全部受け入れて反省しないと絶対にうまくならない。

鉄人の思考法

05

Kimura Shogo

Cricket Player

Kimura Shogo
2019.6.22 @Sano

信じて、考えて

鉄人の思考法

06

Wada Tsuyoshi

Baseball Player

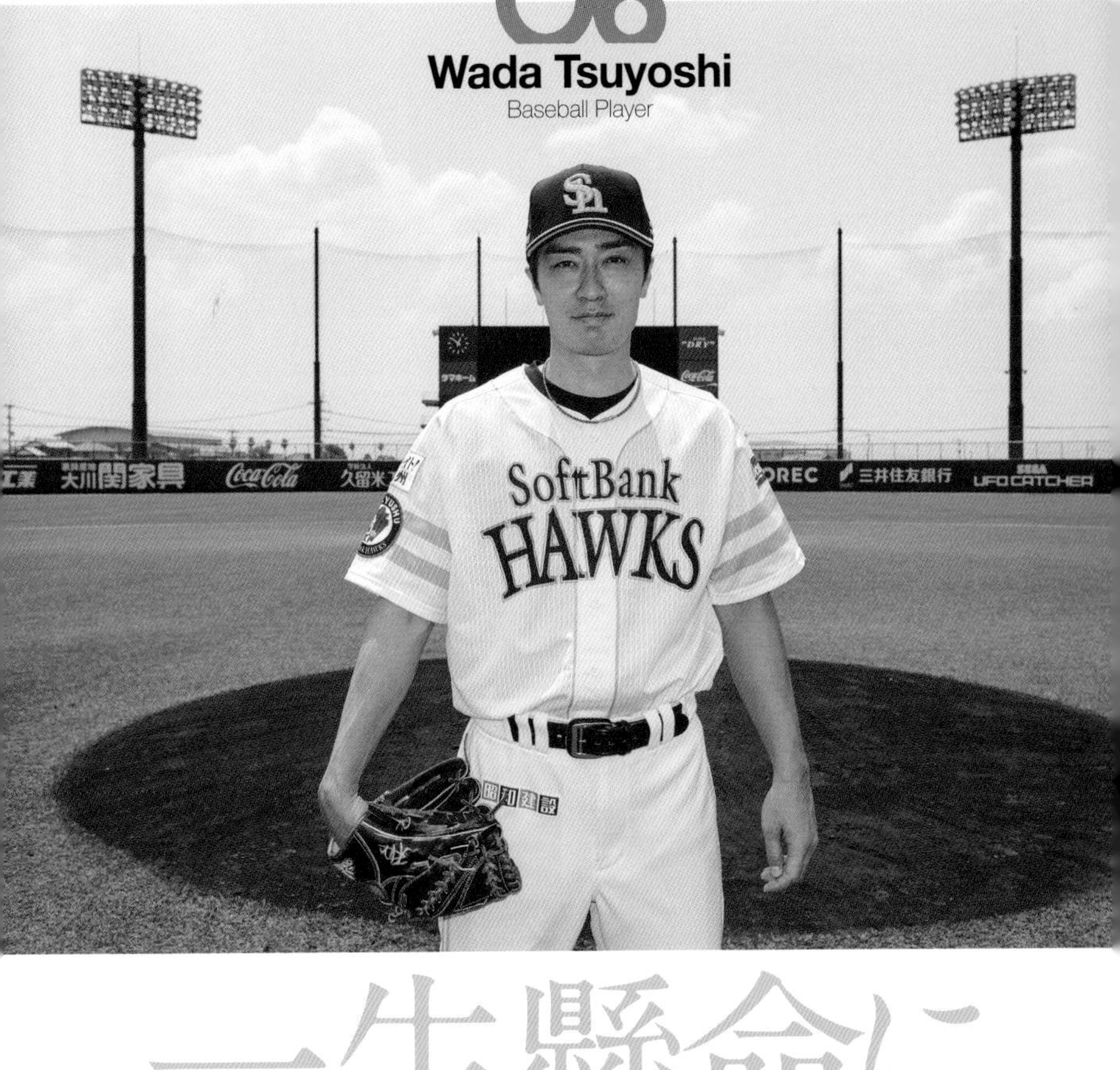

一生懸命にやるしかない。

Wada Tsuyoshi
2019.8.1 @Chikugo

鉄人の思考法

07

Terauchi Ken

Diver

上を目指していけば ピークなんて どんどん上がる。

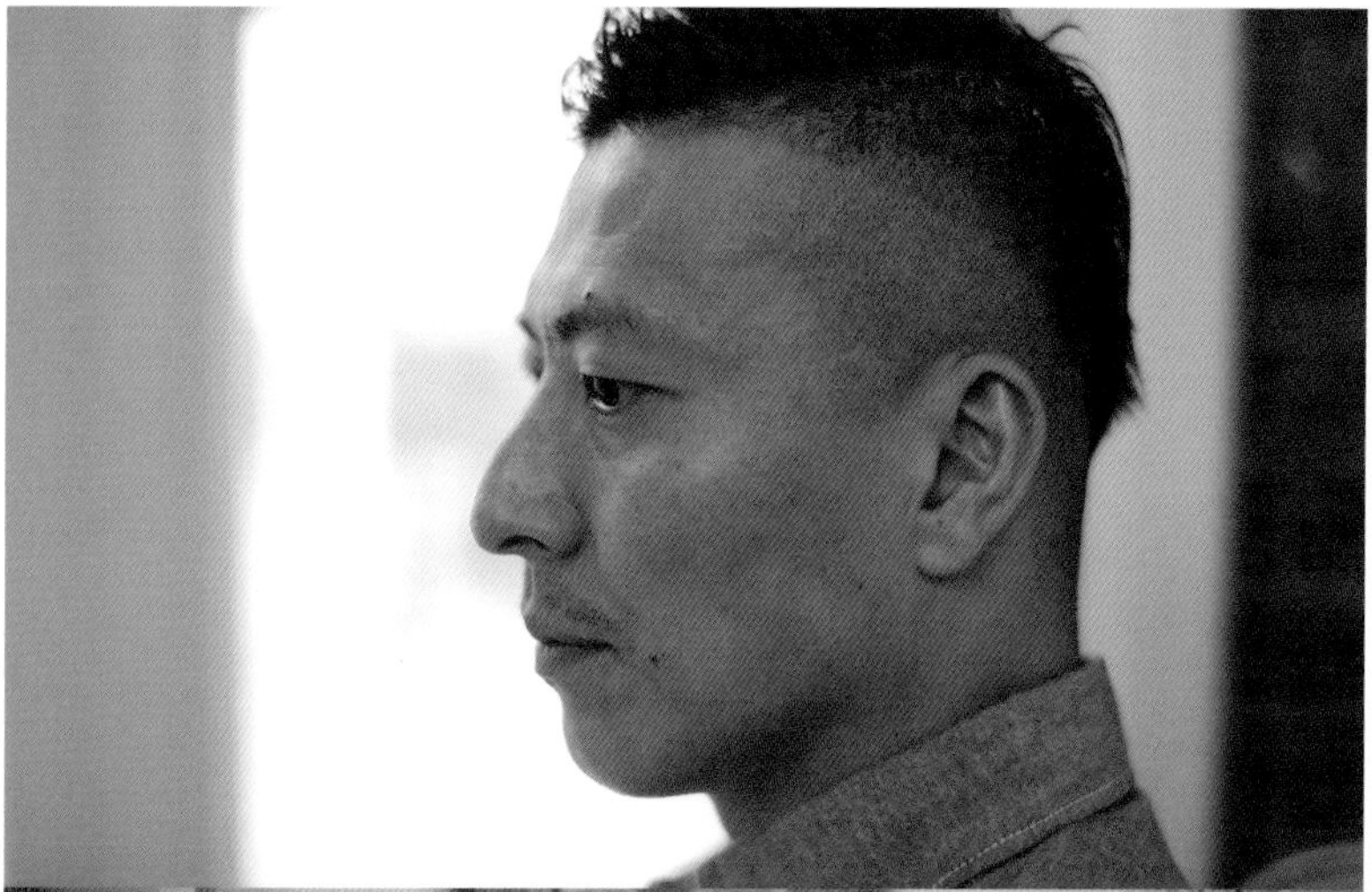

Terauchi Ken

2019.8.28 @Takarazuka

はじめに

１９８０年生まれのアスリートを描いてみたい。

きっかけはＪ１・川崎フロンターレで活躍する中村憲剛選手がブログに寄せた一言でした。プロ野球の〝松坂大輔世代〟を特集したスポーツ雑誌をパチリと写真に収め、「実はこう見えて？（どう見えて）私、松坂世代なんです。サッカーと野球、種目は違えど高校時代から活躍に勝手に励まされたり、対抗心を燃やしたり（苦笑）プロに入ってから、より意識するようになりました。これも勝手に。笑」と綴っていました。

分かるよ、その気持ち分かる！　ワタクシ、ひざを打って同調したんです、それこそ勝手に。１９７２年生まれのスポーツライター。まったく職業は違えど、同い年のキムタクさんや中居正広さんが頑張っていると勝手に励まされていました（さすがに対抗心はありませんが）。そういう方、意外に結構多いのではないでしょうか。憲剛選手の一言で、「アスリートの人でもこういう感覚なんだな」って気づかされる思いがしました。

生まれた場所は違うし、歩んだ道のりも、職業も違う。一切、会ったこともない。でも同じ○○○○年生まれというだけで「お前が頑張っているなら、オレも頑張んなきゃ」と勝手に抱くシンパシーとライバルシ（視）。何なんでしょうね、この感覚。

「松坂世代」のアスリート。調べてみると野球も、サッカーも、オリンピック競技も興味深い方がいろいろといました。２０１９年時点で39歳、東京オリンピックを迎える２０２０年は節目の40歳になります。

現役は少数派です。キャリア終盤の終盤、それでも彼らはなぜ現役にこだわっているのかを知りたいと思いました。20代のときに比べたら、肉体的にきついはずです。彼らの「いま」を描くべく、集英社が立ち上げた新しいノンフィクションサイト「よみタイ」を通じて1年掛けて連載させていただきました。

ここには7人のアスリートの方に登場していただいております。プレーに輝きを失わない中村憲剛さんをはじめ、手術を繰り返して１７５針を肉体に刻みながらピッチングを追求する館山昌平さん、〝神様、仏様、大黒様〟と称されるほど勝負強いストライカーの大黒将志さん、ワールドカップの大舞台でブラジルからゴールを奪った玉田圭司さん、プロ野球選手からクリケット選手に転身したエネルギッシュな木村昇吾さん、年齢を重ねても安定したピッチングをずっと続けている和田毅さん、現役復帰して〝飛び込み道〟を究めんとする寺内健さん……。

アラフォーで競技の第一線で活躍していること自体、彼らは「鉄人」です。しかしそれ以上に自分なりの考え方、ポリシーを確立させている「哲人」でもありました。強い体と、強い心。それらをいかにして養い、いかにして己のものとしてきたのか、彼らの思考法が浮かび上がる描き方を心掛けたつもりです。

　1年にわたる連載をまとめたものを書籍化するにあたり、「1年前の中村憲剛」から連載順に掲載しております。彼らの「そのとき」を描いているために発売時点で時差が生じることになりますが、ご理解いただければと思います。それぞれ単行本用に、２０１９年を戦い終えた彼らの「いま」を追記させていただきました。

　7人のアスリートの一人、館山昌平さんが19年シーズン限りでの現役引退を表明されました。レギュラーシーズン終了後、連絡をいただきました。東京ヤクルトスワローズひと筋17年。「本当に幸せな現役生活でした」との言葉は、グッと胸にきました。納得いくまで自分らしく仕事をして、納得して自分で引き際を決めていく。「幸せ」のその一言に、野球人としての誇りを感じました。そして新しい目標も語ってくれました。ここは追記を読んでいただければと思います。

　１９８０年、昭和55年。

当時、筆者は小学2年生、8歳でした。四国は愛媛の田舎で生まれ、任天堂から発売されたゲーム&ウオッチを持って毎日空き地で友達と集まっていたことを思い出します。世の中は漫才ブームだったり、アイドルブームだったり……。家ではよく父と兄が野球中継を見ていました。王貞治さんのホームラン、現役最後の８６８本目も記憶があります。でも打った王さんより、打たれたほうのピッチャーがどんな思いをしているのかなって考えてしまうタイプでした。王さんに最後のホームランを打たれたサウスポーの神部《かんべ》年男さん。名前が同じだったので、何か自分が打たれてしまったような重い気分になったことを覚えています。王さんがそのシーズンで引退し、長嶋茂雄監督も辞めてしまった。自分がのちに契約編集者となる「Sports Graphic Number」が創刊されたのも１９８０年でした。小学生ながら読み込むようになるのは、もうちょっと先の話になりますけど。

絶対的なスーパースターであった王さんの引退は、ひょっとすると日本スポーツ界全体の転換期だったかもしれないとも感じます。世の中がバブル期に向かうなか、スポーツも価値観の多様化にともなって、サッカー、バスケット、モータースポーツ、テニスなどなどいろんな競技に広がりを見せていくようになります。根性論から理論、競技性の追求へ。時代の変化によって、アスリートの価値観も変わっていきます。１９８０年生まれのアスリートたちはそんな社会背景を受けた〝スポーツ新時代〟の申し子と言えるのかもしれません。

スポーツを生業にする世界は言うまでもなく、激しい生存競争にさらされます。

彼らはなぜ、かくも長く生き抜くことができているのか。
言葉が、生き方が、それを教えてくれます。
敵は己のなかにあることを。かつ、「うまくなりたい」との向上心を錆びつかせないことの大切さを。どこか純粋で、どこか頑固で、どこか柔軟で。

7人に共通する人間味と魅力あふれるキャラクター。心をグイと持っていかれそうなほどの吸引力は、芳醇な人生経験がもたらしているものだと感じます。

その思考法は、30、40、50代の働き盛り、子育て世代のみならず、若い人たち、人生の先輩たちにもきっと何か感じるところがあるのではないでしょうか。

鉄人であり、哲人。決心したらやり遂げる「徹人」でもあります。読者のみなさまにとって、テツジンたちによる「勝手に励ましてくれる」一冊になれば、これ以上の喜びはありません。誠に勝手ながら——。

二宮　寿朗

目次

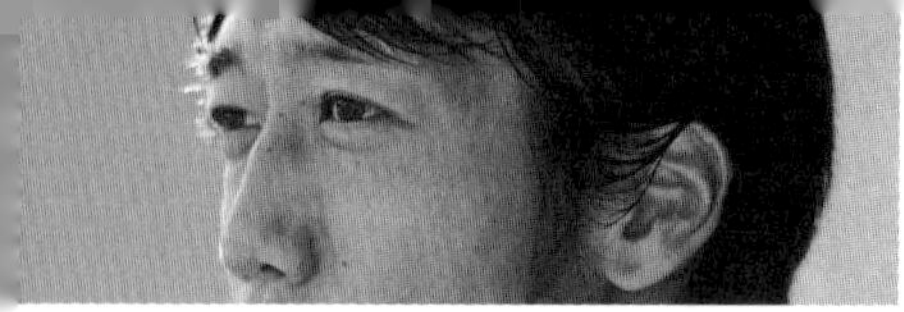

CONTENTS

Philosopher's way of thinking

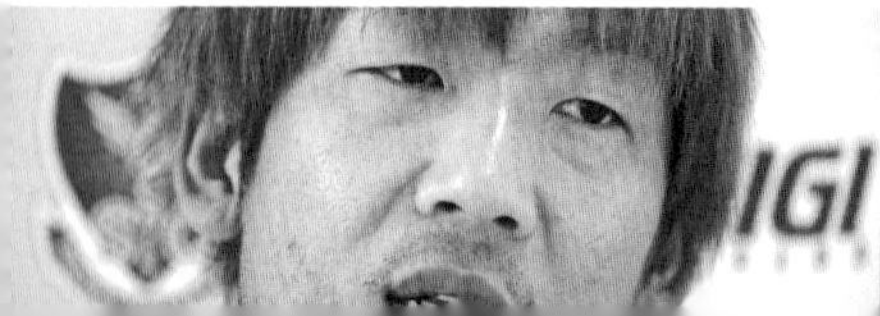

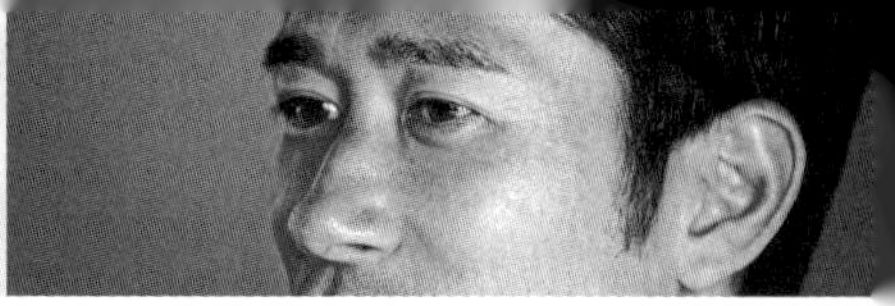

※各人の所属は取材時点のものです。

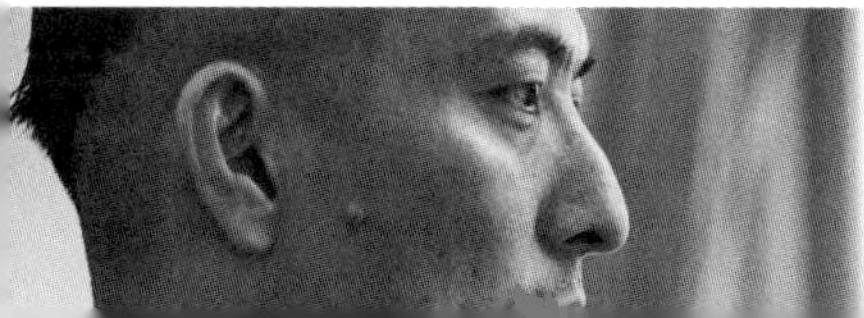
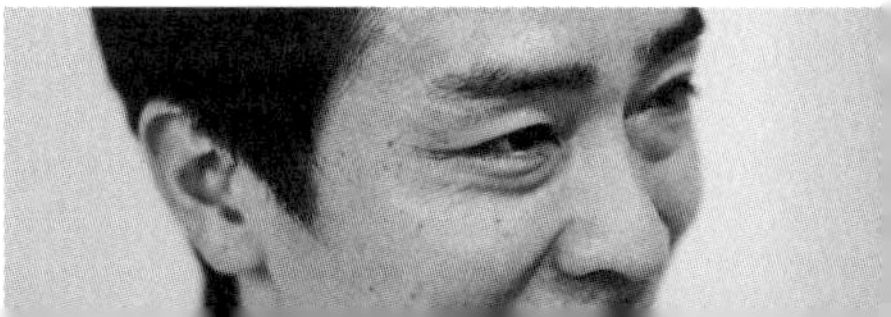

鉄人の思考法

鉄人01

中村 憲剛

Nakamura Kengo

サッカー
（川崎フロンターレ）

「やれないことを受け止めて、
受け入れる。
自分の幅を広げてくれると思うと、
その作業が楽しくなる。
これってぼくにとってはチャンス」

38歳にしてキラッキラに輝く中村憲剛が憧れた同世代選手

松坂大輔が、とにかくまばゆかった。

キラッキラに輝いて見えた。

１９９８年夏、テレビにかじりついて観たフランスワールドカップが終わったばかりなのに、都立久留米高校3年生のサッカー少年はまたもブラウン管の前を離れられないでいた。

夏の甲子園。

同い年の怪物が騒がれていた。松坂の〝快投乱麻〟に中村憲剛は胸を躍らせた。

「ハッキリ覚えていますよ。ＰＬ学園との準々決勝で延長17回を投げ切って、決勝の京都成章戦でノーヒットノーランで優勝ですからね。漫画か！　と思いましたもん。すごいなって。同い年には到底思えなかったし雲の上の人だけど、すごいなと思うと同時に、オレももっと頑張らなきゃなって」

かたやスター、かたや無名。

あれから20年が経った。日本サッカーにおいて中村憲剛の名前を知らない者など、もはや誰もいなくなった。川崎フロンターレひと筋16年。川崎のバンディエラ（旗頭）はチームの中核を担い続け、日本代表としても活躍してきた。30代半ばからがまさにのぼり坂。2016年、36歳でのJリーグMVP獲得はギネス記録にも認定され、翌年の2017年には悲願のリーグ初優勝を達成。そして2018年もリーグ2連覇。背番号14はトップ下に君臨してキラッキラに輝いてみせている。

松坂は38歳になり、中村も38歳になった。

同世代の野球人は2018年限りでの引退が相次いだ。村田修一、杉内俊哉、小谷野栄一、矢野謙次、そして松坂の横浜高校時代の同僚、後藤武敏までも。一方で世代の中心にいる松坂は中日ドラゴンズに移籍した初年度、6勝を挙げて復活の狼煙《のろし》を上げている。

種目は違えど、同世代の引退は寂しくもある。一方で松坂の活躍はうれしくもある。

「実際松坂さんとは一度もお会いしたことないですけど、プロに入ってからも見ていますよ。西武ライオンズの1年目で最多勝の16勝を挙げて新人王になって、WBC（ワールドベースボールクラシック）でも優勝して、メジャーに行って……。ひじを痛めてからも野球を続けてきた。やることはやったから、やめるっていう選択肢もあるのかなと勝手に思っていましたけど、とにかく野球が好きで、投げることが好きなんでしょうね。抗ってくれているのは、同世代の一人としてうれしいし、正直この人かっこいいなって思っています。

ぼく自身、いまも勝手にモチベーションに変えさせてもらっていますよ」

オレだって１９８０年生まれの松坂世代。

野球では注目された世代である一方、サッカーではむしろあまり注目されなかった世代だ。一つ年上が、いわゆる黄金世代。小野伸二、稲本潤一、高原直泰ら日本代表でも中核を担うスターがいた。一つ下がアテネオリンピック世代。田中マルクス闘莉王、松井大輔、阿部勇樹とこちらも後の日本代表の中心選手がそろう。

「アテネオリンピック世代は〝谷間〟なんて言われてましたけど、黄金世代とアテネ世代に挟まれて、いわばぼくらの世代は〝超谷間〟。オグリ（大黒将志）、タマ（玉田圭司）、マキ（巻誠一郎）……４年に１度の五輪もかかわれない世代だったし、上と下の世代と比べたらあまり注目もされなかった。だからコツコツ頑張るしかなかった。

同世代のみんなもそうだと思うんですけど、意外としんどいサッカー人生を送ってきましたから。学生時代、プロになれると信じる一方で、なれないんじゃないかって思う自分もいました。いまのままじゃキツいだろうなっていう思い。自分は世代別の代表歴もないし、注目もされていない。何者でもないってことが本当に悔しかった」

彼はそう言って、遠い目をした。

就職活動を捨ててチームの1部復帰にかけた中央大学キャプテン時代

無名の少年に、プロから声がかかることはなかった。高校を卒業すると、大学サッカーの名門・中央大学に進んだ。2年生でレギュラーをつかみながらも、3年生のシーズンで関東大学リーグ2部に降格の憂き目にあった。創部52年目にして初めての屈辱。中村は2部で再スタートを切る名門のキャプテンを託されることになった。

4年生のチームメイトがネクタイ姿で就職活動をしているのを横目に、チームをどう再建するか、そのことばかりを考えた。就職活動に目を向けることもなかった。

「プロになると心に決めたところで誰からも確約なんかもらっていないわけですからね。いま思うと背筋が凍るような判断だな(笑)。両親にも〝就職活動はやらないから、浪人したらゴメン〟と伝えていました。両親も〝しょうがないか〟っていう感じでしたね」

バブル時代などとっくの昔となった2000年代前半は就職氷河期と言われた時期。プロになることを信じたというよりもキャプテン業に追われていたというのが正直なところか。

「だって考えてみてくださいよ。何回も1部で優勝してきた名門が初めて2部に落っこちて、OBの厳しい視線が僕らに飛んでくるんです。〝絶対に1年で1部に戻れよ〟みたいな無言のプレッシャーが、ガンガンありましたからね」

一方の同世代のヒーロー、松坂はルーキーから３年連続で最多勝をマーク。スターから大スターへの階段をのぼっていた。中村が４年生になった２００２年には、年俸は既に１億円を突破していた。そんな松坂のことよりも、日本列島が沸騰した日韓ワールドカップよりも、部のことだけが頭にあった。

中村キャプテンの改革。

その一つが部員全員に、部の役割を何かしら与えることだった。一人も抜けがないように、様々な○○係をつくった。何でもいいわけではない。やりがいを持てるようなものでなければならなかった。

「練習に出てこないでパチンコにいっちゃうヤツとかもいたので、とにかく部にかかわらせたかったんです。帰属意識を持ってもらって、４学年全員に同じ方向を向いてもらうように、と。これって監督やコーチの仕事じゃなくて、学生主導でやらなきゃいけないこと。でも最終的に同級生はみんな協力的だったし、下の学年も４年生についてきてくれた。みんなそれぞれで、１部に戻るために何をしなきゃいけないかってことを考えてくれていたんだと思うんです。本当にありがたかったし、あの経験は僕のなかですごく大きなものになりました」

一つ間違ったら、バラバラになりかねなかった。しかし毎日、部員と真正面からぶつかってみると、プレッシャーにさらされているのは自分一人じゃないと思えた。大学に対する、部に対する愛着はみんな強いのだと確信できた。

反発もあった、苦しかった、つらかった、必死だった。だからこそ束ねがいがあった。

いつしかプレッシャーは、モチベーションに変わっていた。その年、中央大学は2部を制して、わずか1年での1部復帰を果たすことになった。

まわりが輝くことで、自分も輝くことができる。それもキラッキラに。

中村の心に、大きな人生訓が刻まれた。

今日の自分よりも明日の自分のほうがうまくなっていたい

モチベーションは、己にある。

なくすも、つくるも自分次第。年齢は関係ない。状況も関係ない。いまなおモチベーションの泉が湧き出て止まらない。

2018年11月10日、川崎フロンターレのJ1リーグ2連覇が決まった。セレッソ大阪にアウェーで敗れたものの、残り2試合を残しての独走優勝だった。取材エリアで報道陣に囲まれた中村はメモを走らせる我々にこう語り掛けた。

「続けるって大事だなって思います。何回も（心が）折れかけたことはありますけど、（タイトルを）獲れていないことが自分のなかでモチベーションになっていましたし、去年初めて獲ったことでまたそれがモチベーションになる。つまり何でもモチベーションになるんだなって。ようは自分次第なんだなって。自分がもういいかって思ったら多分そこで終わると思うし、去年（タイトルを）獲れて、また獲れて、またまた来年獲りたいなって思っています。そりゃそうでしょ。後輩たちにこれ（タイトル）をフロンターレの日常にしていくという自分の役目があると思うんで。ただ、本当に幸せな38歳だなって思います。こんな幸せな38歳いないと思います。みなさんに感謝したい」

幸せな38歳は、己に語り掛けてもいた。

モチベの種を公にして、それをモチベの肥やしとする。来年のモチベづくりは、優勝が決まった瞬間から始まっていた。

フロンターレの練習グラウンドは、川崎市麻生区にある。

クラブハウスは平屋のプレハブから約3年前に近代的な建物に変わった。選手のコンディションを考えてジャグジーや仮眠室なども設置されるなど充実している。

中村は２００３年に入団してからというもの、ずっとここに通い続けている。

建物は変わっても、中村は変わらない。16年間、試合に出続けていることも、麻生グラウンドでモチベーションの種に水をやり続けていることも。

うまくなろうとする。うまいのに、もっとうまくなろうとする。もっとうまいのに、もっともっとうまくなろうとする。もっともっと……そんな日々を繰り返している。

「きょうの練習をミスなく終わらせたい。そう思ってやっていても、どこかでミスが出てくる。じゃあいまミスしたところをどうやったらしないで済むかって考える。自分のこだわりを追求していく、突き詰めていく毎日がずっと続いているっていうことですよね。やっぱり今日の自分よりも明日の自分のほうがうまくなっていたい」

２０１８年の中村は、一段とプレーの幅を広げていた。

リーグ開幕戦（2月25日）のアウェー、ジュビロ磐田戦からそうだった。クロスに飛び込んでのヘディング弾というなかなかお目に掛からないシーンから始まった。裏への飛び出しあり、守備のスイッチ役あり。シーズン通してトップ下に君臨し、攻守においてエネルギッシュに躍動した。リーグ戦33試合出場は、チーム２番目の数字。大ベテランはこのシーズンもよく働いた。

うまくなりたい、はボールの扱いのみならず。

高い位置でボールを奪う守備と切り替えの迫力からゴールに結びつけるその連動のうまさは、目立った引き出しの一つであった。

4月21日のホーム、鹿島アントラーズ戦では相手のバックパスをかっさらってゴールを陥れた。7―0で圧勝した9月15日のホーム、コンサドーレ札幌戦ではボール奪取から味方のゴールを呼び込み、直後には逆に味方がボールを奪ったタイミングで前に飛び出して技ありのボレーシュートを決めている。守備でも攻撃でも、常におっかない存在の背番号14がいた。

「基本的には、どんなプレーもやりたい人間なんですよ。いま、フロンターレは（戦い方の）幹がしっかりとあるので、ここ1、2年、自分は自分に集中してやりたいことを付け足していっている感じなんです。キャプテンから離れて、もちろん目配りやチームの雰囲気や全体像に気配りはしても、そこはキャプテンの（小林）悠や、（谷口）彰悟、（大島）僚太たち主軸になった彼らに任せて、自分のことを楽しんでやらせてもらっています」

楽しんでサッカーをやる。

キャプテンの立場じゃなくなったから楽しめるようになった、のではない。キャプテン時代もサッカーを楽しんでいた。いや、デビューからずっと。キャプテンを離れてみても、その楽しさを見つけている。

つまり、何でもモチベーションになるのと一緒で、何でも楽しみにしてしまう。それが中村憲剛という人なのである。

もしいま、サイドバックやれと言われたら、楽しんでやりますよ

原点は、どこにあるのか。

いや、プロでサッカーをやれているだけで、この人は楽しいと思えるのだ。ありがたいと思えるのだ。

関東大学リーグの名門・中央大学でキャプテンとしてチームを2部から1部に引き上げたものの、Jリーグのクラブから声がかかったわけではない。当時J2だったフロンターレに練習参加し、何とか入団にこぎつけた背景がある。

「楽しくサッカーをやれる環境がありがたかった。プロに入ってお金をもらえて、24時間サッカーに費やせるわけですからね。それがどれだけ幸せなことかを感じながらここまでやってきました。その気持ちは昔もいまも変わらない。サッカーは日々やっていくことが報われるというか反映される世界である一方で、反映されない世界でもある。でも反映されなくても、ぼくは楽しめる。じゃあ別のトライをやってみようかって思えますから」

いかなる状況でもポジティブに。

２年目の、ある経験が大きかったと中村は語る。

ルーキー時代からトップ下で活躍を見せ、２年目はさらなる飛躍を誓って新シーズンに臨もうとしていた。そんな折、アルビレックス新潟から２年連続Ｊ２得点王のマルクスが加入した。クラブから期待されていないのかと不満を募らせる自分がいた。

「正直、エーッ！　て思いましたよ。ジュニーニョがいて、今野（章）さんがいて、マルクスですから。オレ、どこで出るんだよって思いました。大卒２年目で、もし活躍できなかったら戦力外にされることだってあるんじゃないかって」

プロになって初めて楽しめなくなりそうな状況で、就任したばかりの関塚隆監督から「ボランチをやってみないか」との提案を受けた。新しいトライに、視界が開けていく。思い切り楽しめている自分がいた。

「トップ下から外れたときは悔しかったし、オレを見てくれていないんだと思いましたけど、ボランチをやったからこそいまがある。関（塚）さんに後で聞いたら『お前のプレーの幅を広げてあげたかったんだ』と。確かにボランチとトップ下、２つのポジションをやれるからベンチにも入りやすくなるし、どっちでも使えるのはチームにとっても大きい。ボランチをやっていた先輩に話を聞きにいったりして、自分のボランチ像をつくっていきました。もしいま、サイドバックやれと言われたら、楽しんでやりますよ。最終的にはどうせやんなくちゃいけないんだから、どうせなら楽しくやったほうがいい。いまあのときの経験があったから、そう思えるようになりましたね」

いまなお2つのポジションをこなせることによって貴重な役割を担っている。トップ下に再びポジションを移したが、試合の流れによって途中からボランチに回ることもチームプランの一つになっている。

中村のボランチがゲームクリエイターだとしたら、トップ下ならアタッククリエイターとでも言えようか。どのポジションでもクリエイターでありつつ、ポジションに応じたプラスアルファを生み出せる。楽しんで探究してきたからこそ、どっちの顔にもすぐに切り替えができる。

「やれないことを受け止めて、受け入れる。自分の幅を広げてくれると思うと、その作業が楽しくなるじゃないですか。これってピンチかチャンスかと聞かれたら、ぼくにとってはチャンス。そのチャンスをもらったときに、どこまで築いていけるか。だから今も、やれないことを受け止めて楽しんでいこうってやっています」

モチベーションは湧き出るもの。

これは他ならぬ「幸せな38歳」の言葉である。

明日はもっとうまくなる自分が待っている。明後日はもっと、もっと。そう思うだけで、彼の心は躍る。昔もいまも――。

サポーターとの距離感は自分たち次第。一緒になって盛り上がるのが好き

ゴールが決まると、中村はサポーターの待つスタンドに一直線に向かう。

左から右へと指を指す。〝儀式〟の始まりだ。

左手を挙げて、上、中、下。スタンドからは「B（ボク）」「K（川崎の）」「B（バンディエラ＝旗頭）」の絶叫。

一度体を前に倒してから、一気に体を起こしてバーンとばかりに両腕を開く。

お笑い芸人、バイク川崎バイクのネタをモチーフにした中村のゴールセレブレーション２０１８年バージョン。コーナーフラッグを使った「ひょっこりはん」など小ネタまで入れてきては、笑いを誘う。

兎にも角にも、盛り上げ上手。

ファン、サポーターの目を意識し、一緒になって喜びを分かち合おうとする。

川崎フロンターレひと筋16年。

２０１８年シーズン、ホームの等々力陸上競技場には1試合平均2万３０００人を超えるお客さんが集まった。中村が２００３年に入団した当初はいまのようにどの試合も満杯ではなく、空席が目立っていた。お客さんは３０００人から５０００人程度、一言で表現するなら「ガラガラ」。クラブはイベントやアトラクション、グルメなどを充実させて試合以外でも楽しめる環境をつくって、お客さんを集めようと必死だった。

故・西城秀樹さんのＹＭＣＡショーなども毎年の恒例。あの手この手でファン、サポーターを引き込んでいく。選手も積極的にＰＲ活動やホームタウン活動に参加していくなかで中村は「せっかく試合を見に来てくれた人をどう喜ばせるか」を考えるようになった。イベント出演などクラブスタッフから協力を依頼されたら、可能な限り引き受けるようにしてきた。フロンターレを盛り上げたいと意気込むスタッフの思いに、できるだけ応えようとしてきた。

彼は昔の光景を思い起こしながら語り始める。

「やっぱりプロのサッカー選手ですから、満員のスタジアムで試合やりたいですよ。でもお客さんが少なくて〝どうすればいいんだ〟っていう思いがみんなにあって……。試合に勝つことはもちろんなんですけど、勝つだけでもダメだなっていうのはフロンターレに来て気づいたこと。まずはピッチ内で自分たちがサッカーを楽しむこと、そしてピッチ外でもやれることをやっていくということ。地域の人と一緒になってみんなで盛り上がっていくことを目指してきて、ぼくも積極的にいろいろとやらせてもらってきた。今日は楽しかったなってスタジアムから帰ってもらえるのが一番だと思うので」

プロのサッカー選手は、憧れの存在じゃなきゃいけない。

中学生のときに始まったＪリーグ。中村少年の心に焼きついたのはカズこと三浦知良の〝カッコ良さ〟であった。

「ゴールを決めたときに出るカズダンスを見て、もう衝撃でしたね。脳裏にこびりつきましたもん、一瞬で。ＭＶＰに選ばれたＪリーグアウォーズのときも、風船がバーンって弾けて登場したじゃないですか。いまでもすごく記憶に残っている。ぼくたちサッカー選手の仕事って、ピッチのなかで完結できるもの。でもぼくとしてはカズさんのように見ている人の記憶に焼き付けたい。記録だけじゃなくて記憶も。小さい子から〝いいな〟って思ってもらえるような、喜んでもらえるようなことをやりたい。〝ああいう人いたよね〟って覚えてもらったらうれしい。

サポーターとの距離感というのは、自分たち次第。応援する側、される側で分けるんじゃなくて、ぼくは一緒になって盛り上がるのが好き。ＢＫＢもノボリ（登里享平）が考えてくれたんですけど、彼が言うには分かりやすさと爆発力だと。なるほど、と（笑）」

爆発的に盛り上がれそうなもの。ＢＫＢパフォーマンスはかくして誕生したのだった。

フロンターレに骨を埋める覚悟をしたのは、恩義以上に愛着

中村にとって、フロンターレはいかなる存在なのか。

クラブがＪリーグの強豪に成長していくとともに、ファンも右肩上がりに増えていった。中村自身、Ｊリーグベストイレブンの常連となり、日本代表でもプレーするなど評価を高めていく。２０１０年には南アフリカワールドカップの本大会メンバーに選出され、大舞台も経験した。だがフロンターレではどうしてもタイトルに手が届かなかった。

中村にはオランダの名門ＰＳＶやトルコのカイセリスポルから獲得オファーが届いた。ワールドカップ後に日本代表のチームメイトが次々と海外に飛び出していくなかで、彼は残留を選んだ。

「そのころもう30歳なので、年齢のこともあったとは思います。ただそれ以上に、フロンターレに何も残さないまま出ていくことは考えられなかった。もし一つでもＪ１でタイトルを獲っていたら、自分の力量を試そうと海外に出ていったかもしれない。でもタイトルを獲っていない以上、（移籍は）考えられなかった。海外からのオファーを断って、ぼくはこのフロンターレに骨を埋める覚悟をしました。自分から練習したいといって参加させ

てもらって、受け入れてくれたクラブですから」

恩義。いやフロンターレに対する思いは、もっと大きなものなのかもしれない。

「確かに恩義が消えることはないですよ。でもそれ以上に、愛着がわいたんです。このフロンターレはぼくにとって、家のようなもの。こんなに長きにわたって住んじゃっていますから（笑）」

Ｊ１の３大タイトルで準優勝は８度。シルバーコレクターとも揶揄《やゆ》されたフロンターレが２０１７年シーズン、ようやくＪ１リーグのタイトルをもぎ取った。最終節で首位鹿島アントラーズを差し切っての劇的な優勝に等々力は沸騰した。

中村はピッチに突っ伏して男泣きした。

その姿に誰もが心のなかでもらい泣きした。抑えきれず、泣き出す者も多くいた。

彼は言った。「15年間、探し求めてきたのはこの景色だったんだ」と。みんな一緒になって優勝し、フロンターレ史上最高の盛り上がりをみせた。最高の景色は「感無量」だった。

上からガミガミ言われるだけじゃ、下にガミガミ言うだけじゃ、伝わらない

優勝した２０１７年シーズン、長らく務めてきたキャプテンの座を降りてエースストラ

イカーの小林悠にバトンタッチした。小林、谷口彰悟、大島僚太ら主軸に成長した彼らに、入団からいろいろとアドバイスを送ってきた。後輩たちの成長が、うれしかった。

「彼らを育てるとかそういう意識じゃなく、目の前の試合に勝つためだし、連係やコミュニケーションを密にして、チーム力を上げたい一心でやってきました。惜しまずに彼らといろいろと話をしていった結果、彼らが主軸になって、その下の世代に対して連係、コミュニケーションを密にしてくれています」

思ったことをただ伝えればいいわけじゃない。

１９８０年生まれの中村が自己分析するに「僕らの世代を境にして、部活動の上下関係みたいなものが薄くなっていった」。上級生からガミガミ言われるだけじゃ、逆に下級生にガミガミ言うだけじゃ、伝わるものも伝わらない。

中央大学時代、みんなの力でチームを関東大学リーグの2部から1部に引き上げたという中村の成功体験はプロでも活かされることになった。

「みんなキャラクターってあるじゃないですか。話せばすぐ響くヤツもいれば、ドアをちょっとずつノックするように伝えなきゃいけないヤツもいる。キャプテンって中間管理職みたいなもんですから、人間観察をしていくと大体どんなタイプなのかは分かります。落ち込んでいるヤツに厳しいことを言っても逆効果だし、相手のメンタルの状況を観察しながら話し方を変えていく。調子に乗っているなと感じたら、あえてきつい話し方で言うとか。でもこれも失敗を繰り返して、つかんできたものでもあります。いまはもうキャプテンから離れましたけど、年長者の立場として気づくことがあったらコミュニケーションを取るようにしています」

一人ひとりと向き合い、一人ひとりの力をちょっとずつ引き出してきた。

クラブスタッフも、ファン、サポーターも、そしてチームメイトも。

みんなを巻き込んで、そして自分も巻き込まれてもっと大きな力を生み出していく。

中村憲剛そのものが川崎フロンターレ。川崎フロンターレそのものが中村憲剛。フロンターレを愛して止まないように、フロンターレからもまた愛されて止まない。今日もゴールを奪ったら、スタンドに向かう彼がいる。

一体となるあの瞬間が、またやって来る――。

〝しなきゃいけない〟を減らし、ストレスを溜めないから若い

サッカーが楽しい。練習が楽しい。毎日が楽しい。

40代までもう少しだというのに、心も体もピチピチである。

中村憲剛流、アンチエイジングの秘訣。

その壱、ストレスを溜めないこと――。

コンディション管理に気を配ってはいるが、「人一倍」までいかないことが逆にミソ。あまりに念入りにやってしまうと逆にストレスになるタイプだと自己分析しているからだ。よく食べて、よく休み、よく練習する。「よく」ができるサイクルができ上がっていれば、それでいい。それ以上を求めなくていい。

「どんな特別なことをやっているんですか、とよく聞かれるんですけど、正直特にないんですよね（笑）。サッカーを仕事だと考えると、勝つ、負けるという結果がついてくるので多少なりともストレスが出てくるのは仕方がない。だから仕事以外は極力、ストレスが掛からないようにしています。簡単に言えば〝しなきゃいけない〟というのをなるべく減らす。寝る前にストレッチをやらなきゃいけないと決めてしまうと、ストレスになるじゃないですか。ぼくの場合、体が疲れていたら〝まあ、いいか〟にしますね」

ストレッチしなきゃいけないではなく、寝たいなら寝る。

食べちゃいけないではなく、食べたいものなら食べる。

一見、こう記すと本能の赴くままにやっているように思われるかもしれないが、そうではない。彼の言葉を借りるなら「自然の流れでやっている」からストレスが溜まらない仕組みになっているのだ。

ストレッチを例に出そう。

練習が終わると、体のケアに時間を掛けるのは20代半ばからやっていること。お風呂にも入って筋肉をゆっくりとほぐす。これは〝しなきゃいけない〟の範疇ではなく、24時間のプログラムにもともと入っている。ケアが食事や睡眠と同じように、当たり前になっているからストレスに変化しない。ケアをしっかりやっている以上、疲れているなら寝る前のストレッチを飛ばしたっていい。

食事もそう。自分の食べたいものを分かっている奥さんの手料理をしっかり食べるのが基本。睡眠もそう。24時までに寝ると決めているだけ。細かくは設定しなくとも、自然の流れで自分に合う大枠を持っている。テレビでチェックしている海外サッカーも、24時以降は見ない。〝見たい〟よりも〝体を休めたい〟が勝るから、これもストレスにならない。

〝〜したい〟は体の声であり、それを聞いてあげる。無理しない、ストレスを溜めない。つまり自分の体と、しっかり向き合っているから体の声が聞ける。その声を大事にするから、体から悲鳴が上がってこない。

自己啓発本のようなものも基本的に読まないから若い

アンチエイジングの秘訣。

その弐。自分は自分——。

中村の〝爆食エピソード〟が面白い。

2018年7月に放送されたNHKのスポーツエンターテインメント番組「グッと！スポーツ」で大久保嘉人に試合後にカップラーメンにご飯を入れて食べていたことが暴露された。疲労回復のために炭水化物を摂取するのだが、ラーメンにご飯をぶっこんで流し込むなんて……。

「あの話は、ちょっと誤解を解いておきたいですね（笑）。夏場は試合が終わるとぼくの場合、体重がグンと減ってしまうんです。ご飯だけだと喉を通らないし、胃腸も疲れている。だから体重を戻すことを考えて、流し込む。夏場しかやらないし、これ2、3年前の話なんですけどね」

自分なりのやり方。

人から聞いて取り込むのではなく、人の目を気にするのではなく、自分に合うと信じてやってみる。体重を戻すアプローチがストレスになる前に、未然に防ぐ。体に無理させているように聞こえるエピソードだが、そうではない。詰まるところこれも自分の体と相談した結果、編み出したものだった。

中村は、自己啓発本のようなものは基本的に読まないという。

その理由はこうである。

「読めば〝そうだよな〟って思います。でもそれはあくまでその人の成功体験であって、その人とぼくがまったく一緒ってことはないじゃないですか。（自己啓発本が）嫌いとかそういうことじゃないですよ。自分のことを知っているのは、やっぱり自分。自分のことは自分で考えていかなくちゃって思って、ここまでやってきましたから」

なるほど、人のやり方を取り入れてしまえば〝〜しなきゃいけない〟になりかねない。これもストレスを寄せつけない「自然の流れ」からたどりついたことなのかもしれない。

仕事と同じく、家族と家庭も楽しめるから若い

アンチエイジングの秘訣。

その参。家庭も楽しく——。

中村は自宅に戻れば、良きマイホームパパである。妻・加奈子さんは中央大学サッカー

部時代のマネージャーさんで、10歳の長男、８歳の長女、２歳の二女がいる。

家庭を守ってくれ、自分を支えてくれる加奈子さんへの気持ちは常に忘れない。家庭の司令塔を妻に委ね「ぼくはとにかく無害であれば」。オフに予定がないときは、家族優先のスタンスは曲げない。家族と過ごすことが、何より楽しいからだ。

でも家庭を任せっきりにはしない。怒るときはしっかり怒るのが、憲剛パパの役割だ。

「家では飾らないで、ナチュラルに過ごしますけど、芯を外しちゃいけないというか。ここを怒らずにやり過ごしたら子どもの将来に良くないと思ったら、本気で怒ります。親の気分で怒ってしまったら、子供たちも納得しないと思うんです。そういうときは奥さんじゃなくて、ぼくが出ていきます」

芯を外さない。

そのためにやっていることは、とにかく妻といっぱいコミュニケーションを取ること。妻の話を通して、家族の「いま」を把握しておく。子供たちを注意して見ておくべきポイントも分かる。だから芯を外さなくて済む。

「やっぱり子育ては２人でやるものだと思うんです。ぼくがいないときに、何があったのかとか聞いておく。今日あったことを30分、話すだけでいいと思うんです。〝言わなくても分かるでしょ〟というのは僕たち夫婦にはないつもり。会話ができていれば、ちょっとした子供たちの変化にも気づくことができますから」

試合で勝てない時期があり、自分では家庭に持ち込んだつもりはなくてもピリピリしていたと妻から告げられたことがあった。

確かに振り返ってみると「いつもギャーギャーしているのに、静かにしていた」。子供たちが気を遣っていたと知ると、悪いなって思える。その会話だけで、次に同じようなシチュエーションになってもピリピリすることがなくなる。それもナチュラルに。

家庭が楽しいから、仕事も楽しいと思える。

家庭を充実させるから、仕事も充実していく。

彼は言う。

「親の背中を見て子どもが育つって、すごくいい言葉だと思うんです。子供たちがしっかり育ってくれるためにも、ぼくがちゃんと仕事をして背中を見せていくことが大切だなって。ぼくがサッカーを一生懸命やっていることをもちろん家族は分かってくれています。２０１６年にＪリーグのＭＶＰを取って、２０１７年にやっと初めてリーグ優勝できて、頑張り続ければ目標を達成できるって子供たちに示せたことがぼくのなかでは一番良かった。これからも、満足することなく〝うまくなりたい〟って毎日やっていくことを、子供たちに見せていくことができたらなって思っています」

楽しい。それがアンチエイジングの根源にある。

サッカーも、練習も、プライベートも。

1日すべてをそう思えたら、次の日もそう思える。逆に楽しめなかったら、次の日を楽しもうとすればいい。つらいことも悲しいことだってある。だがそれも、次に楽しいことが訪れると信じてやっていけばいい。飾ることなく、ナチュラルに、自分の内なる声を聞きながら、まわりにアンテナを張りながら。

毎日の充実が、中村憲剛という稀代のフットボーラーをつくり上げた。

自分だけが楽しむのではない。

みんなで楽しむから、サッカーがある。みんなで楽しむから、中村憲剛がいる。

（取材日時／２０１８年10月30日・川崎フロンターレ麻生グラウンド）

01 鉄人の思考法 **中村憲剛**

PROFILE

なかむら・けんご●1980年10月31日生まれ、東京都小平市出身。川崎フロンターレ所属のプロサッカー選手。ミッドフィルダー。都立久留米高校から中央大学を経て、2003年テスト生として参加していた川崎フロンターレに入団。同チームひと筋のレジェンドとして、当時Ｊ２だったチームを17、18年とＪ１連覇を果たす強豪に育てた中心選手。Ｊリーグベストイレブン8回。16年にはＭＶＰも受賞。19年シーズンまでＪ１リーグ458試合出場、72得点。日本代表としても10年南アフリカW杯に出場するなど、国際Ａマッチ68試合出場６得点。

after that

その後の中村憲剛――

中村憲剛はいつも人と違うところを見ている。

それはプレーでも、プレー以外でも。だからこそ人との〝違い〟を生み出せているのかもしれない。

２０１９年10月26日、埼玉スタジアム。ＹＢＣルヴァンカップ決勝で川崎フロンターレは北海道コンサドーレ札幌と対戦した。

先制され、追いつき、追い越し、逆に追いつかれ、追い越され、土壇場でまた追いついて。白熱の攻防はＰＫ戦の末、フロンターレに軍配が上がった。Ｊ１こそ17年、18年と2連覇しているものの、リーグカップは4度目のファイナルで初の頂点。中村にとっても3度目のチャレンジでようやく栄冠を手にした。

欲しかったものを手に入れたのだから、もっと喜んでいい。しかし彼はひとしきり感慨に浸ったのち、コンサドーレの選手たちのもとに向かった。握手を求め、何か声を掛けていた。

「次（のチャンス）が必ずあるから。ウチらもここまで長かったから」

敗者の悔しそうな姿を見ていた。気持ちは痛いほどよく分かった。

このシーンのことを尋ねると、中村は噛みしめるように言った。

「どっちが勝ってもおかしくない試合内容。決勝の場合、先制したほうは（リードを守ろうと）出てこなくなりがちじゃないですか。でもコンサドーレは前に出てきたし、本当にいい試合になったし、雰囲気も最高だった。お互いに精いっぱい戦えたから、とにかくそれを労いたくて。この経験は絶対に無駄にならないってことを伝えたくて。でもいろんな経験をしてきたから、そういう行動に出ることができたのかもしれませんね」

どんな経験も無駄にはならない。敗北も、己に降りかかる試練も。

11月2日、ホームでのサンフレッチェ広島戦。中村は相手からボールを奪おうとプレスに向かって接触した際、左ひざを痛めて担架で運ばれた。39歳のバースデーから2日後に起こったアクシデントだった。

診断の結果は、左ひざ前十字じん帯損傷。彼は手術を決断する。

「意外と早く気持ちを切り替えられているんです。（ケガの要因になった）プレーに後悔もないですし。手術やリハビリを暗い気持ちでやっても仕方がない。ポジティブにやっていければいいかなって。39歳になってピッチでこんな大ケガする人いないでしょ（笑）。ここから復活できれば、前例がないものをやることにもなる。それも自分のパワーになっているので」

心のショックは最小限に。無理に明るく振る舞おうとしているわけではなく、これも「いろんな経験」が自然とそうさせているように思える。

やはり人と違うところを見ている。

鉄人の思考法

鉄人02

館山昌平

Tateyama Shohei

野球
（元・東京ヤクルトスワローズ）

「ぼくが野球をうまくなるために——。
出した答えは、
『うまい人をよく見て研究する』。
つまり観察力を
身につけることだった」

生涯初ヒットは4年生のとき、グリップエンドに当たったまぐれのヒット

ケガを乗り越えるたびに、館山昌平は強くなる。

体も心も、そして意志も、意地も。

37歳、東京ヤクルトスワローズひと筋17年目。めっきり減った１９８０年度生まれ松坂世代の一人である。しかもその松坂大輔とは日大藤沢高時代に投げ合ってきたライバル。２０１５年に館山が獲得したカムバック賞を3年後の２０１８年、中日ドラゴンズで復活を遂げた松坂が受賞するなど、いまなお不思議な運命の糸でつながっている。

手術で体にメスを入れたのはこれまで9度、１７５針の傷跡を持つ。しかしいくらその数字が加算されようとも「ケガで引退はしない」信条が揺らぐことはない。２０１８年シーズンは未勝利に終わったとはいえ、むしろケガなく乗り切ったことで復活への足音は確実に近づいている。

１９８１年3月、設計士の父と教師の母のもとに生まれた館山は、もともと野球が盛んな神奈川県厚木市で少年時代を過ごした。

松坂大輔と出会うのは、まだ先の話――。

最初の夢は、ピアノの先生。

様々な球種を扱ってきたその繊細な指感覚は、鍵盤で鍛えられたものであった。音楽も教えていた母親の影響で、自宅にあったピアノを弾くことは自然な流れだった。

「3歳からピアノを始めていて、小学校に入っても教室にあったエレクトーンを弾いていました。ピアノは楽しかったし、女の子に『これどうやって弾くの？』と聞かれて『簡単だよ』って教えたりして。母からは『ピアノを1時間練習してから遊びにいきなさい』と言われていたので、いつもそうやっていましたね」

環境がその人の運命を決めるというのは、よく聞く話。

しかし館山少年を振り向かせたのはピアノではなかった。

住んでいたマンションのエレベーターに乗ると、バットやグローブ、ボールを持つ子供たちと一緒になった。心のどこかで野球が気になっていた。

地域には少年野球のチームとソフトボールのチームがいくつかあった。まわりを見渡せば、誰かが野球をやっていた。

あるとき遊んでいたら、自分のところにボールが転がってきた。投げ返した相手は、クラスの友達。「一緒にやろうよ」。小学2年生、野球を始めるありがちなきっかけによって、彼は野球の世界に引き寄せられた。のめり込む対象がピアノから野球に変わったのは、これもまた自然な流れだったのかもしれない。

だが、彼曰く「それが全然うまくなかったんです」。

そのころの記憶は鮮明に残っている。

「4年生になって初めてヒットを打ったんですけど、それがバットのグリップエンドに当たってヒットになったんです。三振しては泣いての繰り返しで……。5年生のときはライトで八番バッターのいわゆる〝ライパチくん〟でした。守備のときにライトゴロを狙ってファーストに投げるんですけど、ボールが逸れて相手に点数が入っちゃって、マウンドまで謝りに行ったこともありましたから。コーチに『何やってんだ』って怒られて（苦笑）」

うまくならないなら、あきらめて得意なことをやろうとするのもありがちな話。

だが館山少年は違った。だってバリバリの負けず嫌いだから。

ローラースケートの鬼ごっこ遊びで負けると、悔しくて練習を繰り返さないと気が済まなかった。野球は、言わずもがな。三振しては泣き、やりたかったゲッツーの守備の練習も自分は見ているほう、ノックするほうに回されて悔しくて仕方がなかった。

ならば陰で努力するしかない。

少年は自分でそう結論づけ、実行に移そうとした。コーチや両親に言われたわけではない。

まずは走り込み。夜、マンション前の桜並木を走ることにした。1・5㎞ほどある距離を毎日のように。父が買い物に行くときはついていった。買い物の間に、バッティングセンターに立ち寄りたいからだ。空き地の雑草が伸びていたら、それをバットで切るようにして打った。壁当てもやった。家に戻れば、チャンネルをｔｖｋ（テレビ神奈川）に合わせて、大洋ホエールズのナイトゲームを見るのも日課だった。

そんな少年の意気込みに対して、両親は背中を押してくれた。

「父にも母にも感謝しています。２人とも〝あれやれ、これやれ〟とは言わなかったし、逆に〝どうしたいんだ〟って聞いてくれていましたから。父は設計士だったので自宅で仕事をしていました。だから夜、走っているとベランダから見てくれていましたし、空き地で雑草を切るときに付き合ってくれました」

流行だったファミコンは家になかったが、野球に関しては寛容だった。野球の本をねだれば、いつも買ってくれた。キャッチャーをやりたいと言ったら、両親は応援してくれた。のちにプロになる〝うまい同級生〟のマネをすることで少しずつ成長した。

だが、努力だけでは足りないと少年は考える。

ぼくが野球をうまくなるために――。出した答えは、「うまい人をよく見て研究する」。つまり観察力を身につけることだった。

その〝うまい人〟は身近にいた。

三橋直樹、のちに横浜ベイスターズからドラフト指名（2005年、大学・社会人ドラフト4巡目）を受ける右腕である。小学校ではいつも同じクラスで、仲が良かった。当時はサードを守っていた。

「本当にいつも三橋を見て、三橋をマネしていましたから」

打撃も守備も、分かりやすいお手本。と同時に、家に戻ったら連続写真が入った図解つきの野球本を穴があくほど熟読した。

「でもぼくからしたら、もうちょっと詳しいのが欲しかったんです。6枚の連続写真で並べてあっても、たとえば①と②の写真の間がどうつながっているのかを知りたかった」

見て、考えて、イメージする。

ちょっとずつうまくなっていく実感を持つことができるようになる。

小6でキャッチャーを務め、中学でも三橋とともに軟式野球部に入った。センターとキャッチャーが自分のポジションになった。ピッチャーもやっていたが「3、4番手」。知れば知るほど野球が好きになっていった。

運命の〝一言〟が待っていた。

3年生になってから試合の視察に訪れた日大藤沢野球部・鈴木博識監督から声を掛けられたという。

「ピッチャーをやってみないか?」

耳を疑うとともに、その言葉が耳を離れなくなってもいた。日大藤沢は1995年に夏の甲子園に出場し、県内屈指の強豪校として知られていた。

中学では県大会にも出ていない自分の野球レベル。高校進学では2つの選択肢で悩んでいた。一つ目は進学校として知られる厚木高校に進むこと。憧れは、8つ年上の川村丈夫。厚木高から立教大に進学し、東京六大学リーグで活躍していた(のちの1996年ドラフトで横浜ベイスターズ1位逆指名)。憧れの人と同じ道をたどる、とは到底思っていないものの、勉強に部活に一生懸命やれるという期待感はあった。

2つ目は日大藤沢でピッチャーにチャレンジする選択。しかし繰り返すが、本格的にピッチャーをやったことはない。

館山少年は考えた。将来どうありたいか、を。いや、それよりも「ベンチに入って県大会に出たい」思いが強いことに気づかされた。tvkで観て、手に汗握った高校野球。そこに出ることが、一番の目標になっていた。ここで思い切った決断を下すことになる。

「もしベンチに入ることができるなら、ピッチャーのほうがいいんじゃないかって考えたんです。日大藤沢は約100人の部員がいて、厚木は50人ほど。キャッチャーなら(ベンチ入りは)2人だろうけど、ピッチャーなら4人ぐらい入る可能性があるなって。だったらどっちの道に進もうが、結局、同じじゃないかと考えました」

難しいとは考えない。逆にチャンスだと考える思考法。

未開拓のピッチャーなら、自分も知らない伸びしろがあるのかもしれない。

普通なら尻込みしてもおかしくないところで館山少年は一歩引くのではなく、一歩前に出ていった。

日大藤沢との出会い、そして松坂との出会い。

「ピッチャー館山昌平」の物語がここから始まっていく——。

第1条は「野球とは移り変わる状況判断と個人プレーの結集」

人には「運命の出会い」というものがある。

館山にとって日大藤沢高との出会いがなければ、松坂大輔との出会いもきっと色合いが違ったはず。

中学では県大会に出ておらず、センターが自分のポジションだった。しかし「ピッチャーをやってみないか？」の誘いの声に、思い切って神奈川県内の強豪校〝ニチフジ〟に進学を決める。

頭脳派ピッチャーの基礎は、ここで叩き込まれることになる。日大藤沢との出合いがなければ、日大藤沢高エースとしての松坂大輔との出会いがなければ、いまの館山は存在しなかった。

野球の真の心得なくして、務まらず。

日大藤沢野球部には、100カ条からなる〝教え〟があった。誘いの声を掛けてくれた鈴木博識監督が心得から作戦まで野球の極意をまとめ上げていた。鈴木監督自身はこの年から日大野球部の監督に就任して高校を離れていたものの、理念はしっかりと受け継がれていた。

雨の日は100カ条をもとにした座学が中心になる。新入部員は100ページのノートにこれを書き込み、5月までに終わらせなければならなかった。

野球は得意でも、座学は苦手という部員は結構いた。だが15歳の館山は、100カ条を学ぶことが「面白くて仕方がなかった」という。

「その第1条は『野球とは移り変わる状況判断と個人プレーの結集』。そのときどきに自分ができる個人プレーを、9人とベンチメンバーの力を合わせてやるスポーツなんだよと、教えてくれています。上級生から代々受け継がれている教えはもちろん、自分で思ったこともノートに付け足していい。その作業が楽しくて。守備のシフトや、ボークに関する規則とか野球にかかわる細かい部分まで学ぶことができました」

部員１００人、全員横一線で練習する。キャッチボールもノックも、平等だった。レギュラーメンバーに選ばれていようがいまいが、同じように扱われた。大所帯のためA班、B班に分けられていても、固定はされない。トスバッティングが良かったら、ロングティーが良かったら、つまり日々の練習で成長を示すことができたらいつでもチャンスを与えられる環境にあった。

心得と作戦の座学と、横一線の競争。

もともと観察力に長け、努力型の館山にとって、日大藤沢の気風は合っていた。いや、これほどまでにマッチングしたことが、急激な成長を呼び込むことになる。

いずれベンチ入りできればいいと思っていたのが、当初の目標。

ピッチャー志望の選手たちが他のポジションに回されていく幸運もあったが、ここでも一つの出会いがあった。控えのキャッチャーで、一つ年上の「堀内センパイ」。

「堀内さんは何人ものピッチャーの球を受けなくてよかったので、ぼくの練習にずっと付き合ってくれたんです。ボール2個分の的をつくって、ここに投げなさいと。単純かつ明確な目標を、1球ずつ与えてくれました。ボールが2、3球、浮き上がってしまったら、投球練習を中断するんです。『ケツからボールが出てきていない』と、ぼくのところまで来て、『体を支えてやるからケツから降りてこい』とフォームを修正してくれました」

エース松坂大輔擁する横浜高校との初対決は、0－9の完敗……

制球力を身につけていくとともに、ｔｖｋの高校野球チェックは欠かすことなく、いつもヒントを探していた。

参考になったのが桐蔭学園でピッチャーを務めていた浅井良（２００１年に法政大学から自由獲得枠で阪神タイガース入団）だった。

「テレビの高校紹介で桐蔭のブルペンの様子が流れて、まっすぐの伸びがすごかった。ズドーンとくる感じで、そのイメージを持つために何度も何度も見返しました」

観察と努力によって館山は2年生の秋に、チームのエースとなる。もちろん、あの男のウワサは1年時から知っていた。だが「別世界の人間」という認識で、松坂のことを捉えていた。

館山と松坂が初めて投げ合ったのが、高校2年の秋季神奈川県大会決勝であった。

館山はいまなお、平塚球場でのファーストコンタクトの衝撃を忘れていない。

「速いじゃなく〝怖い〟でした。ストレートはホームベースに対してプレートから真っ直ぐに入ってくるイメージを持っていたんですけど、打席に入ると自分の背中のほうからナナメにドーンとくる。〝えっ⁉　ここから来るのか‼〟と驚きました」

なすすべもなく０−９の完敗に終わる。あまりの衝撃に、帰路のバスの中では誰も口を開くことができなかったほどだ。

２回目の対戦はすぐにやってくる。センバツ切符が懸かる１カ月後の秋季関東大会。再び決勝で顔を合わせ、試合は延長10回までもつれたものの１−２で敗れた。館山はリリーフとして10回途中から登板した。スクイズを決められて負けてしまったとはいえ、この１カ月間で最強の横浜高に肉薄したのだ。

１００カ条の日大藤沢イズムが、ここでも活かされた。

「別に横浜高だからじゃなく、どのチームに対してもそうなんです。相手のウォーミングアップやキャッチボール、ノックとか練習を見て、どの選手がどうとか、情報を頭に詰め込みます。返球の精度なども全部。ニチフジは〝強いから勝つ〟じゃなくて〝勝ったから強い〟という考え方なんです。どんな相手だろうが、勝ってきょうも強いチームになろう、というのが浸透していました」

０−９の敗戦は、ボロボロになって負けたわけじゃない。情報を個々に頭に入れて、次の対戦で〝勝ったから強い〟を実行に移そうとした。その成果であった。

延長12回の死闘。松坂の奪三振数は19、館山はゼロだった

館山もここからピッチャーとして飛躍を迎える。

翌春のセンバツではベスト4まで進んだ（横浜は優勝）。2回戦は近江高の木谷寿巳《ひさし》（2005年、東北楽天ゴールデンイーグルス、大学生・社会人ドラフト6巡目）、3回戦は豊田西高の松下克也（慶応大に進学）、準々決勝は高鍋高の矢野修平（1998年、広島カープ、ドラフト3位）、準決勝は関大一の久保康友（2004年、自由獲得枠で千葉ロッテマリーンズ）と名だたるピッチャーと投げ合った。

観察の対象は神奈川県内から全国に広がった。特に木谷、松下両投手のピッチングが非常に参考になったそうだ。投球を映すにはテレビのアングルが「僕には一番、しっくりくるんです」。松坂のピッチングも研究してきたが、ここではっきりと〝松坂離れ〟を決意する。

「マツ（松坂）の背中から来るイメージに対して、松下くんと木谷くんは真っ直ぐのラインから来る。力強いマツを追いかけるんじゃなくて、センバツで2人を見ることができたのが大きかった。プレートの位置、右足の残す形を少し変えて、投げるラインも変わった。このことによってシュートのラインが良くなり、対になるスライダーも良くなりました。

フォークもいいイメージになったんです」

センバツ後、自分の投球をマイナーチェンジさせていく。誰から指示されたわけでも、アドバイスされたわけでもない。学び、考えたうえで、自分で決断した。

そしてあの伝説の投げ合いが、待っていた。

大宮公園野球場での春季関東大会決勝。松坂とは満を持しての３度目の対戦となった。

松坂が力でねじ伏せれば、一方の館山は技でしとめる。

ゼロ行進はどこまでも続いた。延長12回が終わっても、２人は譲らなかった。スタンドもざわついていた。ブラスバンドによる応援もない。２人の投げ合いに、ここにいるすべての人の視線と関心がただただ注がれていた。

「根くらべですよね。何とかゼロで乗り切っているから、ワンチャンスあれば何か起こるかもしれないとは思っていました。ヒット一つ、エラー一つ、フォアボール一つあれば、と」

しかしその根くらべに負けてしまったのは自分たちだった。延長13回表、1死1、3塁のピンチ。打者松坂が放ったゴロはゲッツーになるはずが、アウト一つしか取れずに「１点」を渡してしまった。館山の投球数は１５０球を超えていた。その裏、松坂に封じられてゲームセット。手に汗握る両エースの投げ合いに、終止符が打たれた。

松坂が奪った奪三振の数は19、一方の館山はゼロだった。

当時の光景や心情を思い起こした館山は、ちょっと間を置いてから言葉を続けた。

「もしゲッツーが取れていたら次の回で三振を取っていたかもしれません。でもゼロだったから、自分が生きる道はここだって思えたのかもしれない。あの試合は、自分のターニングポイント。そう言えると思います」

日大藤沢の教え、堀内センパイ、センバツで出会ったライバル、そして松坂との３度の対戦……。一つひとつの良き出会いを大切にしたからこそ、自分の向かうべき場所を探し当てることができた。

野球とは移り変わる状況判断と個人プレーの結集。

状況によって自分のカタチを変えながら、優れた個を己に取り入れる。１００カ条の第１条に、館山らしい流儀が付け加わった感がある。

運命の出会いを自分の色に染めて、ピッチャー館山昌平の原型がここに出来上がった。

日大時代の経験が、プロ１年目のサイドスロー転向の力になった

「決断」を国語辞典で引くと「きっぱりと決めること」とある。

周りが、ではなく、自分で。

館山は人生の岐路に立つと誰かの意思に左右されることなく、自らの意志でまさに「きっぱりと」決めてきた。日大藤沢への進学もそう。そしてこのときも――。

日大を経て2002年ドラフトで東京ヤクルトスワローズから3位指名を受けて入団した館山は、ルーキーイヤーにオーバースローからサイドスローに投げ方を変えている。

誰かに助言されて、ではなく、自分で考えて、試して、決断した。

想像していただきたい。ルーキーの館山をまだ何も成果を上げていない新入社員にたとえてみる。「自分はこうやったほうが成果を上げられると思うんです」と猛烈に主張したところで、上司から「いやいや俺の言うとおりにやってみろ」と突っぱねられることのほうが〝よくあるケース〟だろう。だが館山は直属の上司である投手コーチを納得させて、サイドスロー転向を成し遂げている。

このストーリーの〝大いなる序章〟として、日大時代を押さえておく必要がある。

センバツでベスト4の実績を引っさげて入部したとはいえ、2年生の春までは出番も少なかった。転機になったのは、先発のチャンスが回ってくるようになったその秋。日大の投手陣には、あるルールがあった。試合で誰かがフォアボールを1個出すと、投手陣全員にPP（レフトとライトのポール間を走る）10本が課せられていた。

ある試合で、3ボールとなりフォアボールが頭をよぎった。1個出してしまうと、チームメイトに迷惑を掛けてしまう。そこで館山は「ボールを置きにいった」。すると初めて得られた感覚に衝撃が体のなかを走った。

えっ？

「置きにいったら体のすべてが連動して、すごくいいボールが投げられたんです。ベンチもスタンドもざわついていました。部の決まりでスピードガンは見ちゃいけないことになっていたのですが、一瞬チラリと見たら１４６㎞でした。いままで目いっぱいの力で投げて最高１４２㎞しか出なかったのに。あっ、この感覚だなと思ってもう一度置きにいったら１４７㎞。次も同じように投げて、同じようにスピードが出たことで自分のなかで確信になりました。腕を振り抜く、振り抜けるという感覚ですね。力むことなく連動性を求めていくことで、スピードもコントロールも良くなっていきました」

館山はその後エースにのぼりつめ、３年生の東都春季リーグで32年ぶりの優勝をもたらす原動力となる。

自分にとって最良の投げ方とは——。高校時代からいろんなピッチャーを参考にし、自分の投球に取り入れてきた。それがいつも頭にあるからこそ、得られた1回の感覚を偶然にせず、自分の頭と体に一瞬で落とし込むことができたのかもしれない。

大学時代のもう一つ大きな経験が、４年時に施した右肩の手術だった。プロ入りを目指す館山にとってはショックであったことは間違いないものの、雌伏の時間が非常に有意義なものになったという。

「学生コーチになって、練習メニューをつくることもやりました。鈴木（博識）監督からも、投げられない分、外からチームの力になりなさい、とも言われていましたから」

館山はコーチ目線、選手目線の両方で考え、メリハリをつけたほうがいいとも感じた。チームの疲労が溜まっているときにこの練習は軽めにしておいたほうがいいなと思っても、そのまま監督、コーチに進言したところで却下されるだけ。

「『ここで（強度を）下げて、違うこの練習で上げることを考えています』と強弱の両方を一緒にして提案することでＯＫが出ました。ぼくにとってはすごくいい時間になりました。自分の練習をどうやっていけばいいのかも、段々と分かってきた感覚がありましたね」

なかなかのネゴシエーター（交渉人）ぶりである。両者の目線に立ち、落としどころを探りながら最良の策を講じて、監督、コーチも納得させたのだ。

プランBのサイドスローで、自己最速の154kmが出た！

本題の「プロ1年目のサイドスロー転向」に話を移すことにしよう。

サイドスローに切り替えたのは5月。投げ方を変える決断には「だいぶ悩みました」と館山は告白する。ここでも考えに考える彼の姿があった。

「プロに入って〝これはすごい世界に入ってしまったな〟と感じました。まだ1軍に行ったこともなくて、通用するかどうかも分からない。いままでやってきたもので成功するんじゃないかと信じてやるよりも、この世界に早く順応しないと自分なんか終わってしまうなと率直に思いました。大学4年のときに肩も手術していますから。じゃあ自分にとってどんな投げ方が本当にベストなんだろうって」

逡巡の「悩み」ではない、模索の「悩み」。

このままではプロで生き抜くことはできないと己の直感と客観に従い、邁進していくことになる。寮住まいだった館山は夜、室内練習場に一人で出向いてフォーム改造に着手する。いままでの投げ方を一度フラットにして、的を狙うピッチングゲームのストラックアウトにどう投げ込むかを想像してみた。

「どうやったら的を狙いやすいか、とか、どういうのが自分の体が投げたがっているフォームなのかって、投げながら探していったら自然と腕が段々と下がってきたんです。ネットに向かって、いい軌道でボールを投げるにはどうしたらいいか。これだったら相手を抑えられるだろうっていう相手優先ではなく、感覚を大事にする自分優先にしました。（肩を手術して）リハビリして投げ方を戻しても振り抜ける感覚がなかったので、そのポイントを探していったら横投げだったわけです」

2軍のローテーションに入りながら、この作業を3週間ほど続けたという。最初は自分でテストし、次に同じく寮に住む同期のキャッチャーに見てもらった。「いいんじゃないか」と言ってもらえた。自分の目、次に同僚の目とプロセスをきちんと踏むのも彼らしい。

次のステップが直属の上司である松岡弘《ひろむ》2軍投手コーチや自分の担当だった宮本賢治スカウトに見てもらうことだった。ここで認められなかったら、どうしようもない。松岡コーチは言わずと知れたヤクルトの偉大な元エースである。宮本スカウトもヤクルトひと筋、14年間投げてきた。逆に彼らから納得を得られたら、トントン拍子で進んでいくことを意味していた。

「オーバースローをプランAとして、サイドスローをプランBとすると、自分のなかで使い分けできるようにはなっていました。でも段々とプランAが邪魔になってきたので『サイドスローのほうが、感覚よく投げられるかもしれません。2週間、時間をください』とお願いしたんです。見てもらったうえでダメだったら、（投げ方を）戻す考えでした」

上司に相談してからプランBを試すのではなく、逆にプランBの下準備を終えてから相談している。ここにネゴシエーターぶりがうかがえる。

ある程度、自分で納得を得ている以上、やれる手応えはあった。与えてもらった2週間で、改造にメドをつけた。

イースタンリーグの西武ライオンズ戦だった。中継ぎを任された館山には、いまなおはっきりと覚えているボールがある。打席には同世代の赤田将吾が入った。

「２アウトを簡単に取れてからの赤田でした。感覚よく投げられているなと思っていて、赤田に対しても２ストライクで追い込んだ後、アウトコースに腕を振り抜きにいったらすべて連動して投げることができて、１５４㎞出ました。そのとき、これならプランAに戻さなくていいな、と思いましたね」

松岡コーチ、宮本スカウトを含めてすべての上司を納得させて、館山はついに１軍行きの切符を手にするわけである。１イニング、２イニングと徐々に伸ばしていく首脳陣の配慮を受けつつ、８月からは先発ローテーションの一角を手に入れた。

決断に至る「以前」と、決断してからの「以降」。模索、準備、交渉、実行。

プロセスを適切かつ大切に踏んだからこそ、難儀なミッションをソツなくこなすことができたのだった。

キャッチャー古田敦也に投げた１０６球目に、じん帯を断裂した……

ケガをするたびに強くなる。

これまで手術は９度、館山の肉体には計１７５針の傷が刻まれている。

準備不足だから？　投げ方が悪いから？　体が弱いから？

まるっきり違う。

館山を眺めていれば、それはすぐに理解できるはずだ。

己の限界ギリギリまで挑戦した結果の代償であって、悔やむものではなく、誇れるものだと彼は捉える。

「投手は自分から投げることを始めます。コンタクトスポーツでもないから、基本的にはすべて自分の責任。自分のなかで壊そうと思っても、壊せるものじゃない。自分の持っているもの以上を出せたときに、最大限の能力が出たんじゃないかってときに、それがケガにもなる。

たとえば陸上１００ｍ競技のアスリートがレースで足を痛めるときって、自分の限界ギリギリまで持っていけるから。自分としては何度ケガしても（復帰するときに）同じパフォーマンスに戻れているので『ケガをできる』という感覚なんです。そのパフォーマンスが出なくなったら、逆にケガをできなくなる。そういう考え方です」

傷跡は最大限の能力を出し切ろうとした挑戦の証、勲章。ケガからの生還を続ける彼だからこそ、その言葉は強い説得力を帯びる。

２００４年、春季キャンプだった。

サイドスローに変えて先発ローテーションに入ったことで、プロ２年目は飛躍が期待されていた。ブルペンで正捕手の古田敦也にボールを受けてもらい、１００球でストップと決めていたのに、納得いかなかったことで投げ続けた。

「１０６球目でしたね。ひじにまるでアイロンが当たったかのように、〝アツッ！〟と思いました。そのあとネットスローしても、何かひじがおかしいなと思って検査したら、ダメでした。でも納得はしたんです。横投げにして腕を振り抜けるようになって、そりゃあひじに負担かかるよなって。半年間で球速が５㎞伸びて１５０㎞オーバーになって、体がついていけなかったということ。もちろんショックはありました。でも、段々と気持ちも落ち着いてきて、〝攻めた結果なんだから〟と納得できました」

断裂した右ひじの側副じん帯を再建する、いわゆるトミー・ジョン手術。東京ヤクルトスワローズのチームドクターが、トミー・ジョン手術の名医だったこともあってオペに踏み切った。

シーズンを棒に振ることになるが、この時間をどう使うかを館山は考えた。復帰に向けてパートナーとなったのが、当時の渡部賢一コンディショニングコーチ。アメリカでリハビリ、コンディショニングを本格的に学んできた人だった。

「体の構造上、ボールを投げることを人は得意にしていないとおっしゃっていて、『こういう投げ方だとここの筋肉が鍛えられる』『これぐらいの球数を何分ならＯＫ』とか理論的なアプローチで、こちらとしても納得しやすかった」

野球ができなかったら、頭で理解する。これは雨の日に１００カ条を書き込んだ日大藤沢高時代に学んだことでもあった。

リハビリ、コンディショニングを学び、栄養学についても知識を広げようとした。心得から作戦まで野球の極意をまとめ上げたあの１００カ条にも再び目を通している。

「高校、大学時代には今一つつかめていなかったものが〝あっ、そういうことなのか〟って分かったこともあります。精神的な柱になる本。あらためて学んだことが多かった気がしています。いろいろと勉強できたことが、のちの自分の野球人生の基礎になりました」

順調に、懸命に。

ケガをする直前の状態まで取り戻せたことで、ケガは怖いものではなくなった。ひじの状態が戻ったうえに、知識が広がった。つまりブランクであって、ブランクではなかった。

マウンドに復帰した3年目の２００５年は、先発に定着してプロ初勝利をマークするとともに10勝6敗の好成績を収めた。取り組んできたことが正しかったのだと、証明できた。

プロ初の開幕投手を任されるまで復活！　しかし、またも大ケガ……

ケガとの戦いは始まりにすぎなかった。その年の秋季キャンプではティーバッティング中に右ひじの神経を脱臼して、再びメスを入れることになる。このティーバッティングも「もう一段階うまく投げるために」取り入れたものだった。

次も「ケガする前の状態」に早く戻すために手術を選択。翌シーズンの５月に間に合わせた。この２００６年シーズンは中継ぎ、抑えにとフル回転。44試合で投げている。

高校時代の教えで、試合中はとにかく相手の細かい動作までチェックしていた。中継ぎ、抑えの駒が足らず、当時の古田監督から「お前はずっと見ているから行けるよな」とマウンドに送り出されたのがきっかけだったという。

２００８年からは先発に回ってローテーションの一角を守り、５年連続で２ケタ勝利を挙げる。２０１１年のシーズン後には患っていた血行障害を治すため、手のひらなどを切開する手術を施した。ケガに負けることなく、マウンドで力投を続けた。館山は石川雅規と並ぶヤクルトの２枚看板として、絶対的な存在になりつつあった。

そんなとき、またもケガが館山を襲う。

２０１３年シーズン、プロ11年目にして初めて開幕投手の大役を任された。だが４月５日、神宮球場での横浜ＤｅＮＡベイスターズ戦で右ひじを痛め、じん帯の再断裂が発覚する。２度目のトミー・ジョン手術を余儀なくされ、６月には股関節唇にもメスを入れた。再断裂は想定内としても、勝負の年と位置づけていただけに想定外と言えるほどショックは大きかった。

「大エースの石川さんが常に一番手にいて、ようやく胸を張って二番手と言える位置まで来て、石川さんにも挑戦できる、と思っていた矢先でしたから。再建したじん帯は血が通っていないため、徐々に開いてくるのは仕方のないこと。でもこのタイミングで来るのかよって、正直思いましたよ。２回目のトミー・ジョンは右足の内転筋から（腱を）移植するので、難しいとは言われていました。実際、相性は良くなかった」

２０１４年には右ひじ外側滑膜ひだ切除、そして３度目のトミー・ジョン手術を行なうことになる。ほぼ２年間、マウンドから遠ざかった。

一度、やると決めたらやり切る人だ。60㎞のランニングや長時間に及ぶウエイトトレーニングにも精力的に励んだ。

ケガをするたびに強くなる。しかしそれは「結果的」にであって、「過程」においてはいつも葛藤や不安がつきまとう。冷静沈着に自分を見ることができるまで、時間を要することもある。

運命の出会いで恋に落ちた妻と娘のために、館山は何度も復活する

支えてくれたのは、家族だった。

妻・陽子さんと結婚したのは、初勝利を挙げた２００５年シーズン秋。ケガを繰り返しながらも、一緒になって戦ってくれた。愛妻であり、戦友である。

３度目のトミー・ジョン手術の際には「逃げ出したい」と素直な思いを告白し、「あなたのヒーローインタビューがまた見たい」と励まされた。

ネイリストの妻とは運命的な出会いだった。

元々ツメは強いタイプ。それがウエイトトレーニング中、室内のじゅうたんに引っかかってツメから出血した。球団に紹介され、手当てをしてくれたのが陽子さんであった。

「（アテネ）オリンピックの壮行試合で日本代表の相手として登板予定だったので、急きょお願いしたんです。翌日に電話がかかってきて『ツメ、大丈夫ですか？』と。ぼくも『大丈夫です。ありがとうございます』と、そんなやりとりが２日ほどあって、ヤクルトの西都キャンプに移動したんですね。

ぼく、なぜか連絡をずっと待っていたようで、同部屋の五十嵐（亮太）さんから『何やってんの？』と。説明したら『なーに恋しちゃってるの』と言われて、自分の気持ちに気づいて（笑）。ぼくがアプローチかけて、お付き合いするようになったんです」

妻には不思議と何でも話せた。のちに愛娘・海音《かのん》ちゃんが誕生。家族がいるから頑張れた。家族がいるから前向きに取り組めた。

「野球選手である以上、やっぱり野球でしか解決できないんです。へこむときはメチャクチャへこむし、それを家庭にも持ち込みますよ。僕の『これから帰るね』の声のトーンで、妻も娘もどうすればいいか、対応してくれるんです」

２０１５年7月11日、ベイスターズ戦で１０１９日ぶりの勝利投手となり、ヒーローインタビューのお立ち台に立った。妻と小学１年生の娘が、スタンドから見守っていた。

「陽子、海音、ありがとう！」

館山は心の底から、感謝の言葉を届けた。

一人では乗り越えられなかった。家族がいるから、支えてくれる人がいるから館山は何があろうともマウンドに生還できるのだ。

カムバック賞を獲得したこのシーズン、館山は６勝を挙げて復活を遂げる。チームは14年ぶりにセ・リーグを制した――。

自分のケガや手術はプロ野球界のために「研究対象にしてほしい」思いもある

館山は２０１９年3月17日で38歳になる。

日大を卒業して、東京ヤクルトスワローズひと筋17年目。２０１８年のシーズンオフ、各スポーツ新聞に彼の契約更改が記事になっていた。

『減額制限を超える７４００万円ダウンの２４００万円でサイン』

記事には大幅なダウンにもかかわらず球団に対する感謝を伝える館山の言葉が並んでいた。それは２０１９年シーズンに懸ける強い意気込みにも思えた。

２０１５年に6勝を挙げてカムバック賞を獲得して以降、２０１６年は1勝１ホールド、２０１７年、２０１８年は勝ち星を挙げられていない。ケガとの戦いはずっと続いた。２０１６年4月に右ひじのクリーニング手術を受け、２０１７年シーズン後にも右ひじ、右肩を手術している。合計、手術の数は9回、１７５針にのぼった。しかしながら２０１８年は大きなケガがなく終わることができた。

前を向ける背景が、そこにあった。

「２０１３年の手術（2回目のトミー・ジョン手術）から始まった5回の手術が、ぼくのなかで全部クリアになったんです。肩、ひじ、股関節……自分のなかでチェックをして、画像上も動き的にも問題ない。すごく時間はかかってしまいましたけど」

２０１６、２０１７年の手術は医師に頼み込んで部分麻酔にしてもらい、患部がどういう状態なのか自分の目で確かめた。「全部クリアにするために」そこまでこだわった。

「大手術じゃなかったので、自分が痛いと言っている場所はどこか、可動域が狭くなる原因はどこにあるのかをしっかり把握しておきたかったんです。エコーで見て、どういうときに引っ掛かっているのか。自分の筋肉の構造、状態を確認できて非常に勉強になりました」

手術の際には理学療法士（ＰＴ）に同席してもらっている。一緒に確認してもらいたいという理由のみならず、これからのプロ野球界のために「研究対象にしてほしい」との思いもあったからだ。

そしてもう一つ。

「全身麻酔にしたほうが手術中は楽ですけど、復帰するには部分麻酔のほうが早い。やっぱり早く戻りたいという気持ちがありますから」

マウンドで投げたい。その根本的な欲求が、彼を突き動かしている。

「優勝した２０１５年のシーズンは、チームから登板間隔で後押ししてもらって、考慮してもらってやれたこと。でもぼくの目標はそこじゃない。まわりに迷惑を掛けず、まわりと競いながら輝きたい。（ケガの）回数を重ねてきて、クリアな状態では投げられなくなっていた。

２０１８年も結果を残せなかったシーズンでした。でも手術して1軍に戻ることができ、大きなケガをしなかった。アウトが取れなかったわけじゃなく、アウトも取れた。中継ぎだったら、勝ち星がついていたかもしれない。レベルは低いところからですけど、復帰までのプロセスを確立して、それを体現できたことは良かった」

その言葉には、力がこもった。

山のゴールが同じなら、その道のりを変えれば、歩んだ面積は拡がっていく

2回目のトミー・ジョン手術以降、自分のなかでクリアになっていなかったものがクリアになった。そのことでようやく次のステップに進む決断を下す。

オーバースローからサイドスローに変えた、あのときのように——。

プランAからプランBへ。

トレーニングや調整法を変え、ボールの握り方を変え、投げ方にも自分で〝メス〟を入れることにした。準備を水面下で進めてきたプランBをまたも表に出すときがやってきた。

雌伏の時期は、学ぶ、考える。「クリアになった次」をずっとイメージしてきた。

「スタートからゴールを考えるのではなく、ゴールから考えてフォームを考えてみようと思って、段々と合うようになってきたんです。いままでのことを捨てたわけじゃなくて、いままでのことを踏まえたうえで。（トレーニングや調整法にしても）たとえばケガからリハビリ過程に戻ってプランＡに近づけていく段階でケガをしてしまっていました。パフォーマンスも維持できない。プランＡは行き着くところまでいったので、そのアプローチをプランＢに変えてみよう、と。

でもＡだろうが、Ｂだろうが結局、目標とする到達点は一緒なんです。登山をイメージしてもらえばよく分かります。Ａを左から一気にのぼっていくコースと考えると、のぼれない時期であっても、もがいているので下がるんじゃなくて横に動いているので底辺が広がっていく。つまり停滞じゃなくて、幅ができているという感覚です。プランＢに移るとき、スタート地点からではなくＡの幅ができたところから右サイドに移って始められる。すると上にスイスイとのぼりやすくなる。

また、登る山を三角形や図形で考えると、一気にのぼるＡと、横に動いてのぼっていくＢの場合、その歩みでできた面積はＢの方が広いですから」

クリアになったら、再び攻める。攻める＝新しくすること。

新機軸を追い求めれば、その結果ケガをしてしまうかもしれない。でも攻めた結果なら、彼は納得できるのだ。まわりと競い合って輝くために、納得のいくパフォーマンスを発揮するために、幅をつくったプランAに、プランBを上乗せして覚悟を決めてのぼっていく。ケガから復活すること。何度繰り返しても、ケガの前と同じ状態で戻ってくること。うまくいかなくなったら、もがいたうえで切り替える準備をしておくこと。自分を変化させ、目標に向かうこと。

ケガをできる。ケガに勝つ。ケガから自分を成長させる。

そのすべてがいずれケガに直面するピッチャーの指標となり、勇気づける。館山昌平という存在もまたプロ野球界のパイオニアであることに変わりはない。

心にあるのは〝松坂対館山〟ではなく、〝横浜対日大藤沢〟

オフに入ると館山は、毎年のように野球教室を行なっている。

小学4年生でバットのグリップエンドに当てて初めてヒットを打ったエピソードやライパチくんのエピソードを持ち出し、子供たちにこう語るという。

「みんなよりぼくのほうがへたくそだったかもしれない。でも道具と一緒に寝るぐらい、道具を大切にしたよ。誰よりも野球に興味を持っていたよ。負けず嫌いだったよ」と。

館山の一つひとつの言葉に、野球少年たちは引き込まれていく。野球が好きで、研究して、努力していけばきっと道は拓かれると、彼は説く。そして、野球は一人でやるものじゃなく、仲間と一緒にやるスポーツだということの意味を。彼自身、「へたくそだった」少年時代に、チームメイトで友人の三橋直樹の真似をすることから始まった。

「子供たちに言うようにしているのは、まわりはライバルかもしれないけど、けなしちゃいけないよ、と。このチームで一人しか、将来、プロ野球選手になれないルールはない。このチームの全員がなれる可能性がある。みんなでうまくなっていけばいい。自分が経験して感じたことを、しゃべらせてもらっています。あの子よりうまくなりたいとか、あの子がいたからうまくなれたとか、あのバッターはすごかったとかすべての人の影響を受けて、ぼくはここまでやってこれた。あの時代に生まれたことに感謝しているし、自分の環境にも感謝しています」

三橋がいて、松坂大輔がいて、日大藤沢高があって、センバツで戦ったライバルがいて、やりたいことを後押ししてくれた両親、支えてくれる家族がいて、東京ヤクルトスワローズがあって……。

高校卒業から20年が経った。

松坂とのあの投げ合いがまた見たい。きっとそう思っているファンは多い。

その言葉をぶつけると、館山は笑みを浮かべてこう返した。

「よくそう言われますけど、ぼくの心にあるのは〝松坂対館山〟ではなく、〝横浜対日大藤沢〟なんです。投げ合う機会があるんだったら（高校時代に対戦した）平塚か大宮か、それとも神奈川県の高校球児が目指していたハマスタか。そこで投げ合うことができたら、あのときと重ね合わせてしまうかなとは思いますけど。（２人が所属するチームの）神宮かナゴヤドームで投げ合うなら〝相手の投手はマツか〟と思うぐらいですよ」

現在進行形の２人がいる。投げ合った過去から別々の道を歩みながらも、いまなお野球を愛し、ピッチャーであり続けている。２０１５年に館山がカムバック賞を受賞し、その３年後に松坂が受賞しているのも、何か不思議な縁を感じさせる。

２０１９年、マウンドでの再会が訪れるかもしれない。だがセンチメンタルは要らない。あのときと重ね合う必要もない。それは松坂とて同じだろう。

館山昌平は、いまを生きる。

館山昌平は、いまを投げる――。

（取材日時／２０１９年1月22日・ヤクルトスワローズ戸田室内練習場）

02 鉄人の思考法 館山昌平

PROFILE

たてやま・しょうへい／1981年３月17日生まれ、神奈川県厚木市出身。元・東京ヤクルトスワローズ投手。日大藤沢高校、日本大学を経て2002年、ドラフト３位で入団。同チームひと筋17年。19年10月に引退。通算成績は85勝68敗10セーブ24ホールド。通算防御率3.32。最優秀勝率（08年）、最多勝（09年）などのタイトルにも輝く。一方で、04年の右肘内側側副靭帯再建手術（トミー・ジョン手術）などケガに苦しみ、現在まで10回の手術も経験している。20年から楽天ゴールデンイーグルスの２軍投手コーチに就任。

after that

その後の館山昌平―――

神宮が泣いていた。

２０１９年9月21日、館山昌平は現役最後のマウンドに立った。打者一人限定の先発登板。

「タテヤマーッ！」、熱心なツバメ党の叫びがとどろく。それは夕暮れが夜空に切り替わることに抗うように。それはピリオドを打ってほしくないと願うように。

ケガをするたびに、背番号「25」は復活を遂げてきた。ならばまだ奇跡があるよ。あなたならできるよ。レフトスタンドでマウンドから目を離せない筆者の耳に、名を知らないファンの叫びが勝手に自分の心のなかで変換されて届いていた。

対するは中日ドラゴンズの〝切り込み隊長〟大島洋平。１ボール２ストライクと追い込み、放った１４４㎞、外角低めのシュートがラストショットになった。絶妙のコースだった。三振じゃなくセカンドゴロに打ち取るあたりも、何だか彼らしいとも思えた。

「タテヤマーッ！」、今度は違う叫びだった。それは夜への移り変わりを受け入れるように。いいピリオドだったと拍手を送るように。神宮にいるすべての人の耳にそう変換され、大きな拍手が自然発生で巻き起こった。この日がともに引退試合となった館山と畠山和洋。スワローズの一つの時代が終わりを告げた。

引退セレモニーで館山は花束を手に、胸を張ってスピーチした。

「スワローズに入団して17年。打者をあざむくことなく、真っ向勝負できたことは自分の誇りです。同時にたくさんのケガもしました。長いリハビリもありました。もうダメかと思うこともありました。でもともに戦った仲間と、そして家族の支えがあったから、また17年経ったいまもこうやってマウンドに立てたんだと思います。本当にありがとうございます」

神宮はもう泣いてはいなかった。

きっと、この人は現役をやり切ったと心の底から理解できたからだ。ケガに屈したのではない。２０１９年シーズン、1軍での登板は2度しかなかった。だが彼は1年通してファームのローテーションを守った。ケガに勝ったのである。

後日、彼から電話をいただいた。引退報告の最後にこう付け加えた。

「実は引退試合から5日後に右ひじを手術したんです。いま、どんな状態になっているのかを確認しておきたくて。これから同じようにケガと戦うピッチャーにとって、野球界にとって、何かヒントになることがあるんじゃないか、と思いまして」

後進のために手術をした人なんて聞いたことがない。でも館山ならうなずける。

そのまた後日、東北楽天ゴールデンイーグルスの2軍投手コーチ就任が決まった。

鉄人の思考法

鉄人03

大黒将志

Oguro Masashi

サッカー
（栃木SC）

「フォワードの動き方なんて、
誰も教えてくれない。だから
インザーギは『先生』でしたね。
映像だと映らないところに
ヒントがあったりする」

03 鉄人の思考法 大黒将志

ゴールにこだわり続け、史上初となるＪ２通算１００ゴールを達成！

トレードマークの金髪が、アッシュに落ち着いていた。

「いや、色が落ちてくるといつもの（金髪の）ような感じになっていくんです」

小春日和の栃木・河内総合運動公園陸上競技場。居残りのシュート練習を終えた後、サラサラの髪を手でほぐす仕草をする大黒将志はそう言って屈託のない笑顔を向けた。金髪が揺れれば、ゴールネットも揺れる。それはライオンのたてがみのように、敵を震え上がらせる。

日本を、世界を渡り歩いてきて、このＪ２栃木ＳＣで12クラブ目になる。２０１８年シーズン、流浪のストライカーは移籍1年目で得点ランキング6位の12ゴールをマークするとともに、史上初となるＪ２通算１００ゴールを達成した。

39歳を迎える２０１９年シーズンも好調だ。開幕から5戦目のアウェー、レノファ山口戦（3月24日）でＰＫをきっちり決めて初ゴールを奪っている。

いまもバリバリのストライカーであることに変わりはない。だが、〝献身な〟という言葉がふさわしいほどの守備は、かつて敢えて装備してこなかったものだとも思える。

「フォワードの仕事はとにかくゴールすること」

ことあるごとに彼は言ってきた。守備はストライカーの評価対象外とばかりに、ゴールにがっついてきた。そんな〝ゴール職人〟にどのような心境の変化があったというのだろうか。そこには栃木ＳＣとの出合いが、深く関係していた。

２年前の２０１７年シーズン、大黒は決断を迫られていた。

モンテディオ山形からレンタル元の京都サンガに復帰したものの、与えられた役割はスーパーサブ。チームは前年から順位を大幅に落とし、大黒自身もＪ２では自己最少の６ゴールにとどまった。しかしながら出場時間（８５５分）におけるゴール率は、１４２・５分に１ゴール。これは９ゴールをあげた前年よりも上になる。しかしクラブからの評価は、大黒を満足させるものではなかった。

栃木からレンタル移籍のオファーが届いたものの、第一印象は良いものではなかったようだ。

「Ｊ３から昇格したことを、ぼく知らなかったんですよ。だから代理人に『申し訳ないけどＪ３には行かない』と断ったんです。そうしたら『Ｊ２昇格を決めて、大黒を欲しいと言ってくれている』と。じゃあ、１回お話を聞きましょうかとなったんです。

あのとき36歳で、（京都から）評価されてへんなって感じていたし、ほかにいい話がなかったら、別に（現役を）やらんでいいかなとも思ったんです。得点のところの仕事はやっているつもりなのに、年齢がどうとか言われてしまう」

もし栃木に魅力を感じず、ほかにもオファーがないなら現役引退という選択肢も頭には、ちらついていた。だがそんな考えは、吹き飛ぶことになる。

「実際に話を聞いて、ぼくのことを必要としてくれているんだと伝わってきました。すごく求めてくれた。栃木のために頑張ろうって思ったんです」

ストライカーの心に、火がついた瞬間だった。

自分を必要としてくれる栃木をＪ３に落とすわけにはいかない！

イエローのユニフォームに映える背番号９。

大黒は２０１８年のＪ２開幕戦でいきなりゴールを奪うものの、チームはいきなり３連敗を喫してしまう。一度持ち直したかに思えたが5月27日のホーム、大宮アルディージャ戦から今度は6連敗。6月が終わって、22チーム中19位と低迷が続いた。振り向けば、Ｊ３降格圏も迫っていた。

チームを勝たせるために自分のゴールは大事だというポリシーは変わらない。だがそれだけでは勝てない現実を突きつけられると、守備に走る大黒の姿がそこにはあった。

「前に残ってゴールだけ狙っていても（勝つのは）難しいやろうなって思いました。もうちょっと（守備を）助けていかないと厳しいな、と。点を獲ることをやりつつも、チームが勝つように仕向けていかないとまずいなと思いましたね。たとえばぼくは（横浜Ｆ・）マリノスでもやりましたけど、ボンバーさん（中澤佑二）、（栗原）勇蔵がいて、ぼくがいらんことしなくても守ってくれるんですよ。無理して追わなくていいし、『ボンバーさんあとはお願いします』でいい。ボールが出てくるのを前で待って、ゴールを決めることが何よりチームの勝利のためになる。ほかのクラブでも、そういうスタンスでした。

　でも栃木では、それだと勝てない。リアルにＪ３に落ちるかもしれない現実があるんです。ぼくを必要だと言ってくれるこのクラブを絶対に落としちゃいけない。もしまたＪ３に落ちてしまったら、立て直すのにどんだけ時間かかるねんっていう話になるやろうし。だからもう守備も必死になってやりましたよ」

　ストライカーのベテランが必死に守備をすれば、チームメイトも奮起する。

　大黒が決勝点を挙げた７月７日のアウェー、町田ゼルビア戦からチームは９試合負けなし。一時は中位の13位まで順位を上げた。

　新たな役割によって「運動量が増えると、逆に体も動く」と違う発見もあった。42試合中40試合に出て、出場時間３４６３分はチームで２位の数字だ。少ないチャンスを活かして12ゴールを叩き出し、まさに体を張ってＪ２残留に導いたと言える。

パスの〝出し手〟を引き上げる〝あげちん〟ストライカー⁉

大黒は動き出しで勝負するストライカーである。

一見、感覚派と見られがちだが、バリバリの理論派。海外のストライカーの映像を見て学び、自分やチームメイトの動きも映像でチェックする。30代前半で日本サッカー協会の指導者ライセンスをＢ級まで取得済みで、教え上手という評判もよく聞く。

いいタイミングでスペースに出てボールを受け取るには、出し手との呼吸が何よりも大切となる。そのすり合わせに、大黒は力を注いできた。

「監督はチーム全体を見なきゃいけないわけじゃないですか。こういう細かいところのプレーは、選手で詰めていけばいいと思うんですよ。栃木の選手はみんな素直やし、割とぼくが言うことを聞き入れてくれています。ぼくとしても、良くなると思っているから言っている。分かってくれれば、彼らも伸びていきますから」

決勝点を挙げた２０１８年7月の町田戦。チームメイトの岡崎建哉がパスをもらうタイミングで大黒はペナルティーボックスの外に出て、目の前のスペースを空けてから浮き球のパスを呼び込んだ。これをバックヘッドで当てて、前に出てきたＧＫの頭上を越えてゴールを決めている。

偶然の産物ではない。大黒が描くゴールのイメージを、みんなで共有したからこそ生まれたゴールであった。

「岡崎のほうにパスが出る何本も前から思い描いていて、その場合、どういうふうにやればいいかというのがある。普段の練習から伝えていて、みんなが分かっているからああいうボールが最後に出てくるんです」

言葉の説明だけでは不十分と感じれば、映像を使って個別に説明する。そうやって、どのクラブでもパスの〝出し手〟を引き上げてきた。特に東京ヴェルディ時代の柴崎晃誠に対しては彼のポテンシャルを踏まえて、要求が多かったという。

「晃誠にはよく言いましたよね。一度、合宿のときに『あの場面、パス出せるやろ』って言うたら『オフサイドです』って返してきたんで、部屋に呼んでその映像を一緒に見たんですよ。そうしたらアイツ『全然（パス）出せますね』って（笑）。

あとはもう『オフサイドかどうかは俺が一番分かっているから出してくれ』と伝えて。そういう一つひとつのシーンですり合わせていけば、試合でも欲しいタイミングで出てくるようになりますから」

流浪のストライカーと記すとどうしても「独善的」「一匹狼」などといったニュアンスを伴いがちだ。だが大黒は、そうではない。根気強く伝えて成功体験を与えることで、チームメイトの心をも揺らしてきた。

理論と矜持、そして情熱。

ガンバ大阪でプロになって、日本代表としてドイツワールドカップの舞台も踏んだ。フランス、イタリア、中国でもプレーした。日本でも西から東まで多くのクラブを渡り歩いてきた。どこに身を置こうと、誰とプレーしようと関係ない。味方からパスを引き出し、思いのこめられたボールをゴールに叩き込む。ただ、それだけだ。

いかにして天性のストライカーとしての才能は磨かれていったのか。

大阪に生まれ、阪神タイガースが大好きだった少年時代に、その源流があった——。

〝ミスタータイガース〟掛布さんのサイン事件！

バースだ！　掛布だ！　岡田だ！

阪神タイガースが21年ぶりにセ・リーグを制した１９８５年、大黒は当時5歳だった。

大阪府豊中市生まれの阪神ファン。既に「六甲おろし」を口ずさんでいたという。少年時代は家族に連れられて、甲子園球場にもよく足を運んだ思い出がある。

お気に入りは〝ミスタータイガース〟掛布雅之。自宅が豊中市内にあると知ると、父親と一緒に押し掛けたことがあるそうだ。いまも記憶には鮮明に残っている。

「覚えていますよ。朝、自宅の近くまでいって掛布さんが出てくるのを待っていたんですよ。そうしたら本当に家から出てきた。持ってきた色紙を取り出して『サインしてください！』ってお願いしたときに、ペンを忘れたことに気づいて。掛布さんに『家にあるペンを持ってきてくれませんか？』とお願いしたんです。そうしたら『ダメや』と。親父が謝って帰りましたけど、子供やから、ちょっとケチやなって思った記憶があります（笑）。でも迷惑な話ですよね。サインもらうんやったら、ペンくらい持ってこいっていう話ですよ」

大好きな掛布さんにサインをもらえる大チャンスを逃がした苦い記憶。しかし将来、日本を代表するストライカーになるこの少年は〝ノーゴール〟のままでよしとしない。リベンジの機会をうかがっていた。

掛布が広島風お好み焼き店を営んでいると聞くと、大黒少年はお店の近くで待つことにした。またもビンゴだ。掛布が乗る「カッコいい車」は、自分のいる反対側の道路に停まった。

このチャンスを絶対に逃がしたらアカン！

通行量の多い道路は、簡単に渡らせてはくれない。意中の人は足早に店を目指していく。生粋のストライカーは、ありったけの大声で呼び止めた。

「おっちゃん、ちょっと待って！　サインして！」

掛布さん、ではなく、タイガースのスターをなんとおっちゃん呼ばわり。大急ぎで走って色紙とペンを渡して見事にリベンジを果たしたのだ。

「掛布さん、めっちゃ嫌そうな顔していましたね。だって、大声でダッシュして『おっちゃん、サインして！』ですからね。それも今度はペン持ってきましたよっていう感じで、なれなれしく（笑）」

２０１７年に、ゴルフコンペで掛布さんと偶然会う機会があったという。そのエピソードを明かし、あらためて御礼を伝えたそうだ。

大黒を理論派に変えた、ユース時代の恩師、西村さんとの出会い

阪神ファンだが、兄の影響もあって自分でやるのはサッカー。ガンバ大阪ジュニアに入り、朝早く小学校に登校してドリブルやトラップの練習をするのが日課だった。

「友達と草野球もやっていましたよ。自分で言うのもなんなんですが、そこそこうまかった。

でもやるのは断然、サッカーのほうが面白かった。（ディエゴ・）マラドーナのビデオ見て、真似しようとしていましたから。でも小3のとき、1回バスケに行きそうになったことがあったんですよ。マイケル・ジョーダンがカッコ良くて、友達もやっていたからぼくもバスケをやるようになったんです。オカンに『両方やりたい』ってお願いしたら『いやいや、どっちかにしなさい』と。バスケもそこそこうまかったけど、友達はめっちゃうまかった。いまからやったら遅いかと思って、やっぱり自分はサッカーのほうやなと思ってあきらめたんです」

　運動神経も、サッカーのセンスも十分。ガンバ大阪のジュニアユースからユースに昇格してサッカーにのめり込んでいくなかで、大きな出会いがあった。

　高2からユースチームを指揮した元日本代表・西村昭宏の教えが「理論派・大黒」の下地をつくっていくことになる。

「味方の動き、ランニングにパスを合わせていくということをずっとやっていて、連動することで全体がうまくなっていきました。ボールを出すタイミング、蹴る位置をお互いに分かっていないとダメ。パスを出す選手が2メートルくらい前にボールを置いているのに、そんなときに動いたってパスは出てこない。どうしてこのタイミングで動いてんねんっていう話になる。逆に足元に入りすぎても、パスを出せない。いいところにボールを置いていないと、受け手も動かれへん。そういったことをユースのときに、西村さんからコンコンと叩きこまれたんです。動き方、動きのタイミングというのはものすごく勉強になりました」

西村のもとで大黒は高校3年時に日本クラブユース選手権で優勝する。決勝で阿部勇樹、佐藤寿人を擁するジェフユナイテッド市原ユースを下している。そして１９９９年、同期の二川孝広とともにユースからトップチームに昇格。一つ上の先輩には橋本英郎がいる。のちにガンバの主力となる逸材がそろっていた。

しかしながら、西村の薫陶を受け、動き出しで勝負するストライカーの素質が開花するのはもう少し先の話になる。

プロ3年目に決断した、コンサドーレ札幌への移籍！

大黒は高校を卒業して1年目から出場機会を得るものの、フォワードで起用されたわけではなかった。同じポジションにはライバルが多く、どのポジションでも適応する力があったために中盤やサイドバックでも起用された。しかし2年目の２０００年はリーグ戦初ゴールを挙げたものの、1年目よりも出番が減ってしまう。

ジュニアユース、ユース、そしてトップ昇格と順調に来て、どのポジションもこなせる器用さもある。もっと活躍できるはずと意気込んでいた本人にとっては、最初の壁にぶつかった感があった。プロになって必死に練習に取り組んでいるかと問われると素直にうなずけない自分もいた。

そこそこできる、そこそこいい。だが、それでは通用しないのがプロなのだと思い知らされるようになる。

「フタ（二川）もそうですけど、どのポジションもできなアカンというのがユースの教えにありました。サイドハーフ、トップ下、フォワード、1年目はサイドバックでも出ていて、結構どこでもやれたんですけど、逆に言えば自分のポジションが定まらなかった。サテライトリーグでは結構、点も獲れていて、割と順調に行くかなとは思っていたんです。でもプロはそんなに甘くないな、と。試合に出てもあんまり活躍できなかったですね」

危機感が芽生えていたのは自分でも分かった。

そんな折、プロ3年目を迎える20歳の大黒には隣のライバルチームであるセレッソ大阪と、フランスワールドカップで日本代表を率いた岡田武史監督のコンサドーレ札幌からレンタル移籍のオファーが来た。

迷いはなかった。

甘くない世界を生き抜くために、環境を変える必要があると直感が働いた。北の大地。流浪のストライカー人生が、ここから始まることになる。

札幌で出会った愛犬ラオウの存在が、大黒を本気にさせた！

２０１７年シーズンに、悲しい別れがあった。

17年もの長い間を一緒に過ごしてきたチワワの愛犬ラオウが息を引き取った。人間で言えば80歳を超えていた。安らかな旅立ちだった。

飼い主と飼い犬の関係を超えた〝同志〟の知られざるエピソード――。

２００１年、プロ３年目の大黒はいまだ無名に近かった。

危機感を募らせていた彼は、少年時代から過ごしてきたガンバ大阪を飛び出してフランスワールドカップで日本代表を率いた岡田武史監督がいるコンサドーレ札幌にレンタル移籍した。

自他ともに認める「気分屋さん」。闘志に火がつくかと思いきや、ムラのあった練習態度が改善されていたとは言い難かった。

「ヤル気があるときはもちろんちゃんとやっていましたけど、どうも気分が乗らないときは適当にやってしまうことがあって……まあ、いま振り返ってみれば、なんですけど。岡田さんが見ている前でも、シュート練習はループばっかりとかね」

トップ下には「正直うまいなあって」思った山瀬功治がいた。フォワードでも出番が訪れない。ヤル気が続かない現状を見ていた岡田監督からは苦言を呈された。

「練習のなかでちゃんと試合をイメージしろ。その中でプレーをしてみろ」

そうやな。練習を試合と思えばええんか。

そして、もう一つ、心にグサリと刺さった言葉がある。

「そうやってチンタラやってて、あと半年チンタラやってガンバに帰ったらええと思ってんのやろ。そんなんじゃガンバに戻っても、絶対うまくいかねえぞ」

自分の甘い心を見透かされていた。

意識改革の前触れを摑むと同時に、決断したことがあった。

それは、犬を飼うこと。

どんな犬にするかを決めていたわけではなかった。札幌市内のペットショップを回って、「フィーリングの合いそうな犬」を探した。しかし毎日探しても、なかなかいない。

あきらめかけたそのときに小さいチワワと運命の出会いを果たした。

大黒が述懐する。

「会ってすぐに気に入りました。ペットショップからラオウを連れて帰るときに、きょうだいと引き離されて車の中で泣いていたんです。でもそのうちにいびきかいて寝始めていて、コイツは大物やなって思いましたね」

ラオウと名付けた愛犬との生活が始まった。

パチンコ通いをやめた。深夜までやっていたテレビゲームもやめた。

「朝食を食べずに、いつも練習に行ってたんですよ。でもラオウが朝ごはん食べるから、自分もじゃあ一緒に食べよか、とか、夜更かしさせたらアカンなと思って夜11時には一緒に寝よかって。ラオウのおかげであれだけ不規則だった生活が、規則的に変わったんですよ。ラオウはお手とか教えてもすぐに覚えるし、ほんまに賢くて、可愛くてしょうがなくて。ラオウを幸せにせなあかんなって、このワンちゃんをしっかり食べさせなあかんなって、練習も毎日、真剣になっていったんです」

ラオウの存在が、大黒を本気にさせた。

岡田から言われたように、練習から試合をイメージした。

ムラもなくなった。１００％、練習にぶつけた。試合にはなかなか出られなかったものの、勝負強くなっていく実感を持つことができた。紅白戦でも練習でも、ゴールを重ねた。

ラオウが、ストライカーとして勝負する覚悟を与えてくれたのだった。

「ガンバの大黒」が「日本の大黒」に！

レンタル期間を終えて２００２年、ガンバ大阪に復帰する。この年から、アトランタオリンピックでブラジル代表に勝利する〝マイアミの奇跡〟を起こした西野朗監督が就任した。

フォワードをやらせてください。

自分の意思を監督に伝えると、西野はあっさりと受け入れてくれた。

「２００２年は日韓ワールドカップの年で、ガンバがチュニジア代表と練習試合をやったんです。ぼくは後半の最後のほうに出て、点を獲った。ワールドカップに出る国からゴールを奪えたというのは、ものすごい自信になりましたね。

練習試合やサテライトでも、ボコボコ点が入るようになっていって、西野さんはいつも見てくれていました。何も言ってはくれないんですけどね（笑）。でも〝監督が見てくれてるんや〟と思うと、すごく励みになりましたよ」

復帰２年目の２００３年、ついに「ストライカー大黒」が覚醒する。途中出場でゴールを挙げてアピールして、出場時間が10分、20分、30分と伸びていく。ここまで４シーズンで計２ゴールだったリーグ戦のゴールは、一気に２ケタの「10」に届いた。２００４年には得点ランキング2位の20ゴールを叩き出し、ベストイレブンに選ばれた。

「ちゃんと練習をやるようになって、コツみたいなものも分かってきました。でも何よりもガンバのチームメイトがうまいんです。遠藤（保仁）さんとか、フタ（二川孝広）とか、自分がいい動きをしなくてもドンドンとパスが出てくる。いまみたいに、ここに出してくれって要求をしなくても、動けば普通に（ボールが）出てきますから。シュートもめっちゃ外しましたよ。でもチャンスがいっぱいあるんで決められました」

この活躍に目を留めたのが、日本代表のジーコ監督だった。

2月9日、埼玉スタジアムで行なわれたドイツワールドカップアジア最終予選の初戦、北朝鮮戦。最終予選はあの〝ジョホールバルの歓喜〟以来とあって、会場の上空には報道のヘリコプターが飛び交い、朝のニュース番組で大きく取り上げられるなど異様な盛り上がりを見せていた。

日本が先制しながらも後半に追いつかれて、1―1のまま終盤を迎えた。憧れの掛布雅之の背番号31をつけた大黒が呼ばれ、アディショナルタイムに突入したそのときだった。

小笠原満男のクロスがＧＫに弾かれ、そのボールを福西崇史がそのまま前に出す。目の前に、大黒の姿があったからだ。茶髪のストライカーは振り向きざまに左足でシュートを撃ち込み、日本に大きな勝利をもたらした。

神様、仏様、大黒様。

メディアはヒーローとして持ち上げ、「ガンバの大黒」は「日本の大黒」になった。

偶然ではなく必然のゴールであった。練習から試合をイメージするクセが、ここでも活きた。選手の特徴を頭にインプットしていた。

「日本代表の人は、ホンマにうまかったですね。ヒデさん（中田英寿）、シュンさん（中村俊輔）はじめ、みんな。普通、ＧＫが弾いたボールが自分のところにこぼれてきたら（シュートを）打つんです。でも福さんは、ああいうところでも裏をかいてパス出す人。練習を見ていてそれは思ったんで『ここで絶対にパスが来る』と思っていた。満男さんがクロスを打って、福さんや周りの位置を確かめてああいうポジショニングを取ったんです。振り向きざまですけど、後ろにゴールがあることはもちろん分かってますから（シュートの）イメージもできていた。ぼく一人のゴールじゃないんです。みんなの能力が高くて、みんなのおかげで獲ることができたゴールなんです」

ラオウと出会ってからわずか４年。

Ｊリーグで出番のなかった男がストライカーとして勝負することを決め、覚醒し、日本代表で大きな仕事を果たすまでになった。

ラオウが本気にさせてくれたから、このシンデレラストーリーが待っていた。

大黒を見守ってきたラオウは、17歳になった。

２０１６年にモンテディオ山形にレンタル移籍し、翌年に京都サンガに復帰する。年老いたラオウの面倒を見て、時間が許す限り〝同志〟のもとにいることにした。ラオウの体調を考えれば移籍のオファーがあっても、行こうとは思わなかった。

ラオウは静かに旅立った。

大好きな主人の胸に抱かれて。

一緒に起きて、一緒にご飯を食べて、一緒に寝て。

「ラオウがいたから頑張れたんです。ホンマにラオウのおかげなんです」

いまも大黒の胸に、ラオウは生きている。

栃木でゴールを奪うストライカーの姿を、天国から見守っている。

憧れのインザーギ〝先生〟のDVDはいまも観ている

流浪のストライカーという表現がピタリと合う。

２０１９年現在の栃木ＳＣで12クラブ目。大黒は２００６年にガンバ大阪からフランスのグルノーブルに渡ってから、長くても２シーズンという短いスパンで移籍を繰り返してきた。

「昔、ガンバのユース時代に監督の西村（昭宏）さんに言われたんです。『どこで誰とやろうと、いいプレーするのが、いい選手や』と」

どこで誰とやろうが、やるべきことはただ一つ。

味方のパスに合わせて動き出し、ゴールネットを揺らすだけだ。

多くのクラブを渡り歩いてきたなかで「理論派・大黒」を確立できたのは、イタリア時代が深く関わっている。セリエＡは憧れていた舞台。２００６年8月末、グルノーブルからトリノへと渡った。移籍当初、指揮を執っていたのがのちに日本代表監督となるアルベルト・ザッケローニであった。

彼はこう振り返る。

「ザックさんは細かかったですね。〝点が入ったら別にええやろ〟とこっちが思っていても『その（攻撃の）やり方は違う』と認めてくれないんですよ。守備も攻撃も、両方細かく言ってくる。ちょっと衝撃的でしたね」

大黒は2シーズン在籍してリーグ戦の出場は10試合にとどまった。ゴールを挙げることはできなかった。こう記すと「不遇のイタリア時代」と思われがちだが、むしろ逆だ。イタリア語で〝かんぬき〟を意味するカテナチオの国で学ぶ守備戦術は、大黒の目には新鮮に映った。

「長身のストライカーが相手にいたら、センタリングのときにディフェンスはマンツーマンでつくとか、思いどおりにやらせない戦術がしっかりしている。たとえばサイドバックはセンターバックとの間にパスを通させないように内寄りにポジショニングを取って、センターバックのカバーを常に気にしておく、とか。

ロシアワールドカップのコロンビア戦で長友（佑都）くんが（クロスに対して）ななめに走ってくる（ファン・）クアドラードについていったシーン覚えてます？　オフサイドを取りにいくんじゃなくて、ついていって外に追い出した。彼の良さは運動量とか言われますけど、インテルでずっとやってきた細かいポジショニングがしっかりしているから、あれができるんです」

イタリアの守備戦術を知ろうとする意味。

その水も漏らさない堅牢さを、ストライカーがいかに突破しているかを研究するためには持っておかなければならない基本情報であったからだ。

極上の動き出しでゴールを量産するフィリッポ・インザーギは当時ＡＣミランでプレーしていた。ベンチからずっとインザーギのプレーを目で追った。映像も、常にチェックした。

「フォワードの動き方なんて、誰も教えてくれない。だからインザーギは『先生』でしたね。映像だと映らないところに、ヒントがあったりする。だからピッチレベルで見ることができて、ものすごく勉強になりました。インザーギ先生だけじゃないですよ。ミランにいた（アルベルト・）ジラルディーノとか、ウディネーゼの（アントニオ・）ディ・ナターレ、インテルの（エルナン・）クレスポ……。『こうやって飛び出していくんか』というのはあったし、いまでもその人たちのＤＶＤは見ていますよ」

哲学の一つは「控えだろうが、スタメンだろうが同じように準備する」

その成果は帰国後に現れることになる。

２００８年夏に東京ヴェルディに移籍して、Ｊ２で戦った翌２００９年シーズンは21得点をマークする。その後、横浜ＦＣではシーズンの半分で２ケタゴールに乗せ、Ｊ１を舞台に移籍してＦＣ東京、横浜Ｆ・マリノスでもゴールを重ねていく。

２０１３年には再度、海を渡った。

今度はアジア。恩師・岡田武史監督率いる中国の杭州緑城でプレーすることを選んだ。岡田からは切り札として起用すると伝えられていた。先制されるとチームのテンションがガクッと落ちてしまう傾向にあったため、〝第二エンジン〟の役割を担った。

どこでプレーしようが、やることは同じ。

練習ではボールが欲しいタイミングで味方の名前を呼び、すり合わせていった。若手主体のチームにとって、プレーも練習での姿勢も大黒はいい教材となった。試合前にはピッチの状態を確認する。切り札とはいえ、いつ出番が来てもいいように準備しておく。相手を見て、どう点を獲るかイメージしておく。

「ぼくは控えだろうが、スタメンだろうが同じように準備しますよ。誰かが1分でケガしたら、残り89分間プレーせなアカンし、ちゃんと準備したうえで得点のチャンスを逃がしたら、〝しょうがない、次頑張ろう〟になるんで。実際、中国じゃ練習試合で味方がすぐケガして、ぼくが出ていって2点獲った試合がありましたから。中国でのプレーは1年間だけでしたけど、いろいろ吸収できました。移籍を繰り返すことで、自分の幅が広がったと思うし、自分のタイミングじゃなくて、まわりが（パスを）出せるタイミングで動かなアカンなっていうのもすごく感じましたね」

池田誠剛フィジカルコーチとの出会いも大きかった。瞬発力を上げるトレーニングによって、体のキレが増した実感を持つことができた。

熱心に誘ってくれた京都サンガに移籍し、その1年目でJ2得点王となる26ゴールを叩き出した。移籍をするたびに、ストライカーとして凄味を増す。たとえ結果が出ない時期があったとしても、幅を広げることで次の進化を遂げてきた。

将来の目標は指導者。でも点が獲れているうちはしっかり現役でやりたい！

この人は自分を疑わない、環境を疑わない。

やるべきことをやり、いまを見て、後ろを振り返ることをしない。２０１９年５月４日に39歳を迎えようとしているいまも、そのスタンスに一点の曇りもない。

アラフォーになっても、マッサージはあまりやらないという。そこにも彼なりの理論が反映されている。

「マッサージをすることで良くなるということは〝悪くなっているから良くする〟ということですよね。だからぼくは本当に痛いときにしかやりません。ノーケアでやれるなら、それでいい。なるべくケアせずに、自己回復力を維持することが大切ちゃうかなというのが自分の中にあるんで。だからあえて、マッサージはやらない。ご飯食べて、アミノ酸摂って、休養して回復させることができているんで、若いころとあんまり変わらない」

意欲も体も、若いころのまま。

経験値を上げ、幅を広げ、理論を深めていまの大黒がある。サッカーにどっぷりと浸か

集英社 新刊案内 12

2019.12.10 ～ 2020.1.9 刊行

注目の新刊

抵抗都市

佐々木譲

撮影／chihiro

12月13日発売　●本体2、000円

タイトル・内容は一部変更になる場合があります。 表示価格は本体価格です。別途、消費税が加算されます。
各書籍の末尾についている数字はISBNコードで、それぞれの頭には978-4-がつきます。

www.shueisha.co.jp

る日々はこれからも続く。

将来の目標は、指導者だという。

日本サッカー協会の指導者ライセンスをB級まで既に取得済み。元々、パスの出し手を育ててきたように教えることは得意なほうだ。オリジナルの経験から確立した理論には自信もある。

しかしいまは、引退など頭にない。その基準もまた明確である。

「引退した選手に聞くと『やれるうちはやったほうがいい』って、不思議とみんな言うんですよ。だから自分ができるうちは、点が獲れているうちは、しっかり現役でやりたい。逆に自分の思うプレーができなくなって点も獲れなくなったら、潔くやめればいいと思っています」

同じ１９８０年生まれの中村憲剛、玉田圭司らの存在も刺激になっている。他競技のアスリートもそうだ。

「田臥（勇太）くんは能代工のときからずっと応援していて、最近になって同級生なんやって知ったんですよ（笑）。同じ栃木でプレーしているというのは、ちょっと不思議ですよね。憲剛なんて、代表のときにすり合わせとかせんでも、いくらでもパスが出てきて、めちゃくちゃやりやすかった。でも年下なのになれなれしいヤツやなと思っていたら、同じ年齢やと知って。憲剛やタマもみんな頑張ってんなあって思いますね」

この日の練習後、大黒はゴールを引っ張り出して居残りでシュート練習を黙々と続けていた。しかし一人ではない。ガンバ時代の後輩でチームメイトの寺田紳一のパスに合わせてシュートを打った。自分の動きそのものがパスの要求である一方、ときには逆に相手のタイミングに合わせて自分が動く。それを繰り返す、それを若い選手たちが見つめる。

「自分の練習でもあると同時に、寺田の練習でもあるんです。ケガが治って、感覚を上げるため。だからぼくの練習半分、アイツの練習半分でもあるんです。見ている若い選手も、一緒にやったっていい。『やりたい』って言ってくれたら、一緒にやるんで」

頑張るヤツに手を差し伸べるライオン。味方を引き上げ、そして相手を震え上がらせる。

威風堂々。

大黒将志のたてがみは、きょうも揺れる――。

（取材日時／２０１９年３月20日・河内総合運動公園陸上競技場）

03 鉄人の思考法 **大黒将志**

PROFILE

おおぐろ・まさし●1980年５月４日生まれ、大阪府豊中市出身。栃木SC所属のフォワード。G大阪ジュニアユース、G大阪ユースを経て、99年トップに昇格。01年、コンサドーレ札幌にレンタル移籍して以後、イタリアセリエAのトリノをはじめ、フランス、中国など４か国のべ12チームを渡り歩いている。日本代表には05年初選出。アジア最終予選初戦の北朝鮮戦で後半ロスタイムに決勝点を獲るなど活躍。06年ドイツW杯にも出場。19年シーズンまででＪ２リーグ初の100得点超えを含む通算177得点を記録（Ｊ１で69点、Ｊ２で108点）。

after that

その後の大黒将志——

大黒将志のゴールには、思わず感嘆の声を上げたくなる。

２０１９年８月10日、古巣・京都サンガとのアウェーマッチ。シーズン６得点目となる一発も「彼らしいな」と思えた。１－０で迎えた後半14分だった。センターライン付近での相手のリスタート。センターバックにボールが戻されると同時に猛然とダッシュして、ボールを奪い取る。その刹那、左足でループ気味のロングシュートを放ったのだ。ボールは前に出ていた相手ＧＫの横を通り抜けてゴールに吸い込まれた。

おそらくシュートを打つ前に、ＧＫを見ていない。顔を上げて再びボールに目を落とす時間が、ゴールになるかならないかを分ける時間になることを理解しているからだ。

『鉄人の思考法』のインタビュー。話がちょっと脱線して、ループシュートに及んだ。大黒はとにかくループが得意。決めるコツを聞いてみたかった。

あれは２０１８年８月４日、ホームでのＦＣ岐阜戦であった。パスを受けて右のペナルティーエリアに侵入すると、大黒は右足を軽く振り抜いた。ボールは美しい弧を描いて、対角線上のゴール左に吸い込まれていった。

芸術的なゴールを挙げた人は言った。

「解説者の人が『GKを見て打った』と確か言ってたんですけど、ぼく、一切見てないんですよ。（自分が）ボールをどう持つかで、GKのポジショニングも違ってくる。あの持ち方であれば絶対前がかりになっているよなって確信がありましたね。
感覚がいいときって、大体見なくても分かるんです。だから『もうこれはループやな』って、ホンマそこは感覚で」

難易度の高いループシュートを、彼はいとも簡単にやってしまう。確かな技術があって、相手を上回る駆け引きがあって、それでいて度胸があって、「いい感覚」を持って……。すべてがそろわなければ、成立しない。

感覚が「ひらめき」の範疇でないことも理解できる。

コンサドーレ札幌時代の話では「ループシュートばかり練習したこともある」とも語っている。何百本も何千本も練習でループを打ってきて、決め切る感覚を細胞レベルまで落とし込んできた。

己の引き出しにあるものを、適時に瞬時に出す。それこそが彼の言う「いい感覚」なのだろう、きっと。

あの熟成の極上ループの味は、なかなか出せるものではない。

鉄人の思考法

鉄人04

玉田圭司

Tamada Keiji

サッカー
（V・ファーレン長崎）

「気がついたことはハッキリ言います。
嫌われたって構わない。
その一言が心に響いてくれたり、
ムカついてでも、残ってくれたら
それだけでいい」

長崎を語るとき、主語は〝自分〟ではなく〝チーム〟か〝チームメイト〟になる

ベテランになればなるほど、大きな変化を遠ざけがちだ。決してネガティブな意味ではなく、それはむしろ常道。成功と失敗を重ねながら己のスタイルにたどり着いており、変化よりも深化を求めているとなればうなずける。だからケガや年齢に合わせた柔軟性の変化ならまだしも、「こうありたい」と自らの理想が先にある強硬性の変化に向かうベテランがいると目を引いてしまう。

強硬性の変化とは、つまり自分が望む姿も変わっていくということ。未完成な部分を感じさせ、それが年齢不相応にも見えてくる。「若さっていいな」と、いまも思わせる。それが39歳、玉田圭司の「現在」である——。

緑が映える山々と、青が光る大村湾の海。

自然あふれる諫早の環境で、彼は黙々とピッチの外を走って汗を流していた。アルビレックス新潟戦（２０１９年5月11日）で「ちょっと痛めたところがあって」後半早々に途中交代したため、全体トレーニングに合流せずに別調整となっていた。

契約満了で名古屋グランパスを退団して、２０１９年シーズンからＪ２のＶ・ファーレ

ン長崎に完全移籍した。この新潟戦までリーグ戦すべての試合に先発出場。疲労も溜まっているのかと思いきや、首を横に振って口元を緩める。

「すぐに（チームに）戻れると思うんで大丈夫ですよ。V・ファーレンのためにしっかり働かなきゃならないんで」

アラフォーにして、表情も言葉もさわやか極まりない。降り注ぐ太陽の日射しが、玉田にはよく似合う。

その新潟戦で、らしくないシーンがあった。

前半7分だった。玉田はトップの位置から降りてパスを引き出して、左サイドの香川勇気に展開。そこからクロスが送られて、ゴール前でフリーとなっていた2トップの相棒・呉屋《ごや》大翔《ひろと》がヘディングで決めて先制した。

チャンスメークは、らしいプレーだ。しかしその後が、ちょっと意外だった。呉屋に抱きつき、「よくやったな」とばかりに背中をポンと叩く。呉屋のガッツポーズより前に、両手を挙げて喜びを表現していた。

これまでのクールなイメージは消え、ホットな感情がのぞいた。そう感想を伝えると、照れ笑いを浮かべた。

「それまで2試合勝てていなくて、あの1点はチームにとって本当に大きかったんです。

Ｊ１に昇格するためにはやっぱり勝ちを重ねていかなきゃいけないし、成績というものが何より大事になってくるので」

ストライカーはどこか独善的な雰囲気が漂うもの。そうでなければ、ゴールの結果で評価される仕事は務まらない。玉田もつい最近まではそちらに近かったはず。だがいまはまわりを活かす役割にフォーカスを当てて意欲的に取り組んでいる。それも自らが望んで。長崎を語るときの彼は、自分を主語にしない。チームか、チームメイトばかりだ。

相棒の呉屋は25歳。玉田とは一回り以上年齢が違う。

練習では後輩に対して思ったことを、ズバズバと言うそうだ。

「気がついたことは、ハッキリ言うようにしていますよ。それはアイツにだけじゃないですけど。ハアッ？　って思っているヤツも、中にはいるかもしれない（笑）。でも嫌われたって構わないし、うるさいオッサンだなと思われたって全然いい。その一言が心に響いてくれたり、ムカついてでも残ってくれたら、それだけでいい」

自分の考えをぶつけてくる後輩もいるという。それなら大歓迎だ。活気なくして、チーム力は上がっていかない。そのために「うるさいオッサン」を喜んで買って出る。

ワールドカップに2大会続けて出場して、Ｊ１での優勝経験もある。もっと威厳を誇示してもいいのに、キャリアの浅い若手に目線を合わせて彼らを引き上げようとする。独善的なストライカー気質をかなり薄めているような印象を受ける。

2017年シーズンくらいから、サッカーの見方がはっきりと変わってきた

確かなターニングポイントになったのはセレッソ大阪と契約満了になり、3年ぶりに名古屋に復帰した2017年シーズン。

風間八宏監督を迎えてJ2からの再スタートとなった古巣では、これまでとは違う角度でチームを眺めるようになっていた。

「名古屋に戻るもうちょい前くらいからなんですけど、サッカーの見方がはっきり変わっていきました。若いときは〝自分がいいプレーをすれば試合でも勝てる〟〝自分が良ければ、チームも良い〟というスタンスだったと思うんです。だから海外のサッカーを観るにしても、点を獲る選手ばかり見ていた。でも次第にゲームをつくる選手やビルドアップをやっている選手に、自然と目が行くようになっていきました。

チームが勝つためにはどうすればいいのかを、とにかく考えるようになりました。指導者目線と言えるのかもしれない。もちろん自分が主役になりたいっていう気持ちはありますよ。でもそれだけじゃなく、いろんな選手がうまくやるためには自分は何ができるんだ

ろうって。まわりを輝かせた上で自分が輝く。そうしたいと思いました」

新しい玉田がそこにはいた。

中盤で起用されることが多く、まわりとの連係に注意を払った。まわりが輝けるように、サポート役もいとわない。体を張って、空いたスペースを必死にカバーした。オフザボールで汗をかくベテランの姿は、チームメイトを鼓舞していく。Ｊ１復帰に貢献し、昇格した２０１８年シーズンも存分に働いた。

夏のロシアワールドカップ。この大会でＭＶＰに選出された、クロアチア代表ルカ・モドリッチのプレーに目を奪われたという。勝つために必要なのは、うまいヤツがまわりをカバーしてチームのために全力を尽くすこと。己の変化に対して、映像に映るモドリッチが背中を押してくれた。

風間監督は「止める、蹴る」の基本技術を重視する指揮官である。

足の親指、つまりは「点」で止めるトラップに磨きをかけていき、30代後半にしてうまくなっている実感を持つことができた。選手をうまくさせる指導法や伝え方も、吸収することができた。

「どうやればいいかは、タマを見てみろ」

風間監督が認めたお手本。その一言もうれしかった。名古屋から契約更新のオファーはなかったものの、「いい勉強になった」充実の2年間になった。

上を目指して成長するために聞く耳を持つことに変わりはない

変わろうとすることは、学ぼうとすること。

モドリッチからも風間監督からも。まわりの仲間からも。

「たくさんの経験を持っている選手と思われているかもしれないけど、完璧な選手じゃないし、より上を目指して成長していきたいと思えば、聞く耳を持つことに変わりはないですから」

それはここ長崎の地でも変わらない。

名古屋を退団して、オファーをくれたのが新しく就任した手倉森誠監督であった。リオ五輪でU－23日本代表を率い、ロシアワールドカップでは日本代表のコーチを務めた指揮官から連絡をもらい、直接会って熱意を伝えられた。

「うれしかったですね。『絶対に必要なんだ。オレは経験のある選手を頼りにしてきた監督だから』って。重く言うんじゃなく、親近感を持つように。ぼくのなかでは、来るべきところに来たという感覚なんです」

意図が伝わるトレーニングや先を見越したビジョンなど、手倉森監督の指導は新たな学びの場になっている。

まわりを輝かせて、自分も輝く。

己に課したこのコンセプトは、絶対的な自信なくしては成立しない。玉田はそう考えている。

言うだけでは仲間を納得させられない。過去の自分ではなく、いまの自分で納得させてこそ、説得力が伴うのだ、と。秀でているのはテクニック、経験値のみにあらず。あるフィジカルのテストでトップの数値を叩き出している。これには手倉森監督も目を丸くしている。

39歳になっても肉体的な衰えは感じないのか？

そう問うと、彼はキッパリとこう述べた。

「衰えは多分あると思いますよ。でもね、ぼくは（衰えを）認めないんです」

変化を成し遂げようとする意欲そのものが、「認めない」だけの自信を構築してきた。自分の存在価値を認めさせてきた。望む自分になれると強く信じて。

揺るぎない自信の背景にあるもの。

それに目を向ければ、玉田圭司の実像が見えてくる――。

ジェフのセレクションに1次落ち。その経験が負けじ魂に火をつけた

玉田は、小さいころから負けず嫌いだった。

アスリートの大部分はそうであるとしても、彼の場合は「大の」が前につくだけでは物足りない。「大の、大の」くらいは、あったほうがいい。

5つ年上の兄との、それを示すエピソードがある。

「ぼくが小学生のときにお兄ちゃんといつもファミコンやっていたんですよ。絶対に負けたくない。サッカーのゲームでも自分が勝つまでやって、勝つことができたらそのまま寝るっていうパターンでした（笑）。本当に優しい兄でした。いまも優しいですけど」

遊びでも、兄の影響で始めたサッカーでも。

「千葉で育って、親は野球をやらせたかったみたいなんですよ。でも兄が入っていたサッカーチームで、幼稚園からやらせてもらって。本当は小学生になってからしかダメなんですけど、兄がうまかったおかげで『やっていいよ』って言われて。遠慮みたいなものもなかったと思うし、とにかく負けることが嫌でしたね。何をやるにしても勝たないと納得できない子供でした」

フォワードは性格にも合った。「いたずら好きで親が学校に呼び出されたこともあるほど」のやんちゃ少年。ありったけの元気を、サッカーにぶつけた。

中学に上がる際にジェフユナイテッド市原ジュニアユースのセレクションを受けている。だが1次で落ちてしまう。

負けじ魂に火がついた。

中学時代は市川にあるカネヅカＳＣに通い、ますますサッカーにのめり込むようになる。ここでいまのベースとなるテクニックが磨かれた。

「畑が広がっているなかにグラウンドがあって、コート半面もないスペースで4対4とか5対5ばっかりやるんです。そうするとボールに触る回数も自然と増えるし、段々うまくなっていくなっていう実感も持てました」

ジェフの試合を見に、スタジアムにも足を運んだという。お気に入りは10番のピエール・リトバルスキー。テクニックのある選手が好きだった。

本田監督との運命の出会い。テクニック重視の指導が玉田のスタイルを作った

高校進学は地元千葉の強豪・習志野高に決めた。カネヅカから習志野に進んだ3つ上の

先輩には福田健二、廣山望がいた。１９９５年の全国高校総体に優勝した彼らと入れ替わりで、名門サッカー部の門を叩くことになる。

玉田にとって運命の出会いとなるのが、高校サッカー界の名将と呼ばれる本田裕一郎監督である。市原緑高時代はスパルタ指導で知られていたが、習志野高ではテクニック重視の指導法に切り替えていた。カネヅカ出身のコーチもいて、サッカーに取り組みやすい環境だったと玉田は振り返る。

「本田先生は、ああしろこうしろとあまり縛りつけなかったので、ぼくは伸び伸びとやらせてもらった。テクニックを磨いていくことができたし、中学、高校で自分のスタイルというものができあがっていったのかなと思います。もし他の高校に進んでいたら、いまの自分もないと思うんですよね」

玉田の同期には吉野智行、菅野拓真というタレントがいた。個を育てる本田監督の指導によって彼らは高校を卒業後、いずれもプロに進むことになる（吉野は浦和レッズに、菅野はジェフに）。高１のときから、彼らに負けたくないと努力できたのも成長の呼び水となった。

「１年生のときは試合に出ていたり、出ていなかったり。でも吉野や菅野はずっと出ていたので、満足することなんてなかった。むしろ練習しなきゃっていう思いだけ。吉野はU

―16日本代表に選ばれたりしていて、ぼくなんかはかすりもしていなかったので。試合に出ていないときに、そういう高いレベルにいるチームメイトに追いついていこうと目指せたことが、いま考えると大きかったのかなって思いますね」

習志野に玉田あり。

左利きのストライカーの評判は次第に上がっていくことになる。柏レイソルの強化指定選手として練習にも参加し、サテライトリーグにも出場して経験を積んだ。注目を集める存在になっていた。

県のライバル校は、市立船橋。同期に西紀寛（卒業後にジュビロ磐田）、松田正俊（同、ＦＣ東京）、一つ下に羽田憲司（同、鹿島アントラーズ）らタレントがひしめいていた。公式戦で一度も勝てないまま、高校生活最後の全国高校サッカー選手権大会千葉県予選決勝でぶつかることになった。

しかし市船に対してはチーム全体に苦手意識が浸透していた。

「まあ、一度も勝ってないわけですからね。ぼくらの負けグセというよりも、相手の勝ちグセのほうが勝っていた印象です。結局は、勝ち星を持っていかれてしまう。関東大会やインターハイは2位で全国にいけるので良かったんですけど、選手権は1校なんで負けたら出られない。でも最後の最後は不思議と負ける気がしなかったんです」

負けず嫌い。

市立船橋に勝てないことを、玉田が受け入れているわけがなかった。ここで気持ちを発揮しないで、いつ出す――。クールな男が秘めた、ホットな決意。勝っていないことをプレッシャーにせず、逆に「開き直りのきっかけ」にした。1-1で拮抗した状況で試合が進んでいくなかで、勝ち越しのゴールを挙げたのがエースだった。

「ゴールのシーンはいまでも覚えていますよ。ずっと負け続けていた市船に勝てたのは、いい成功体験だったと思うんです。本当にうれしかった。でもね、実はその先の悔しさのほうが、何倍も大きかった」

喜びの記憶を打ち消すほどの苦い記憶。

玉田のその後の人生の教訓になる出来事が、ここに待っていた。

選手権の敗退で学んだ哲学。「悔しい出来事があっても、その先で取り返せる」

選手権優勝候補の市立船橋を破って出場を決めたのだから否が応でも期待が高まった。

玉田、吉野、菅野、そして藤島崇之（現、埼玉・昌平高監督）は「習志野四銃士」と呼ばれ、なかでも決勝点を挙げた玉田は注目選手の一人となった。

しかし――。

1回戦の相手は、鹿児島工。習志野有利の下馬評は動かなかったものの、1―3で敗退してしまう。大会からあっさりと姿を消すことになった。

ゴールを挙げながらも勝利を呼び込めなかった玉田は、人生で初めてといっていいほどの大きなショックを受けた。

玉田は思い起こすように斜め上に目をやり、記憶を引っ張り出してきた。

「全国的には市船か東福岡かって言われていました。僕たちはその相手を倒して選手権に出たから注目もされたし、優勝候補に躍り出ていったわけですよ。そこで舞い上がってしまった部分もあったかもしれない……。でも一番は、自分たちに真の力がなかったんだと思いますね」

泣いた。これほどの涙が出てくるのかというくらいに。

試合後のロッカールームでも、宿舎に戻ったあとのミーティングでも。

そのとき語ってくれた恩師の言葉を玉田は忘れない。

「泣きじゃくっているなかで、本田先生が言ってくれたんです。『いま、泣かなくていい。お前たちにはまだ先があるじゃないか。そこで頑張ればいいんだ』と。その言葉はいまでも耳に残っています」

涙を流しながらも、恩師の言葉を何度も心のなかで反芻した。

終わりじゃない、まだ先がある――。

玉田が激動のサッカー人生を歩んでいくうえで、大切な心得となった。たとえ悔しい出来事があっても、その先で取り返せること。たとえうれしい出来事があっても、満足しないでその先に進んでいくこと。

「あの経験があるから、プロで負けたくない、プロでもやってやろうって思えました。うまくいったことがあったとしても、何回も続かないぞっていうのが自分のなかにある。うまくいかないことがあったら逆に開き直ればいい。だから次、次ってぼくは思うことができるのかもしれない」

負けず嫌いと開き直り。

それがフットボーラー・玉田圭司を高めていく両輪となっていく。

ロナウジーニョを筆頭に、ブラジル代表は本気で遊んでいる感覚だった

開き直るには、それまでのプロセスが大切になる。

積み重ねてきた背景があるから、ここぞのところで開き直ることができる。

２００６年６月22日、ドルトムント。

玉田はドイツワールドカップ３戦目にして初めて先発のチャンスを得た。グループリーグはここまで１分け１敗。突破するためには優勝候補でここまで２連勝しているブラジル代表に対して２点差以上の勝利が最低条件だった。

チームにも重苦しいムードが漂うなか、彼は明らかにテンションが違っていた。

「試合の当日にジーコに呼ばれてスタメンを告げられて、自分としては〝何かしらできるんじゃないか〟って気持ちが高まっていました。勝っても点差のことがあるから、グループリーグ突破は絶望的と言われていて……だったら、もう開き直ってやろう、と。ブラジルとワールドカップでやれるなんて、こんな機会ないじゃないかって」

一縷の希望が、日本に見えた。

前半34分だった。玉田はトップから降りて中田英寿から受け取ったパスを稲本潤一に渡す。ボールは左サイドの三都主アレサンドロへ。中に向けてドリブルして相手を引きつける動きを見て、玉田はラストパスを呼び込む。パスの速度を殺さぬまま左足でミートしたシュートはゴール左に突き刺さった。これまでの鬱憤を晴らすような、スピーディーかつ連動美に満ちた日本らしいゴールであった。

しかしこの後、目を覚ましたブラジルから４点を叩き込まれて完敗を喫する。先制点を奪えたからこその経験。玉田は言う。

「悔しかったです、本当に。でもブラジルみたいにサッカーをやってみたいなって心から思いました。ぼくらは遊ばれている感覚で、ブラジルは本気で遊んでいる感覚。ロナウジーニョがまさにそう。心の底から楽しんでいるなって伝わってきましたから」

次に向かうためのステップ。玉田の開き直りがなかったら、日本サッカー全体にも及ぶこの無形の財産を手にすることはできなかったのかもしれない。

あせらず過ごした3年間が日本代表までの道を作った

〝開き直りのプロセス〟を語るには、千葉・習志野高から入団した柏レイソルのルーキー時代から話を進めなければならない。

ドイツワールドカップからさかのぼること7年前。高卒1年目ながら開幕第2戦目で早くもデビューを果たす。スピードのある左利きのアタッカーは注目を浴びたが、ある試合の遠征で風邪を引いたことでしばらくメンバー入りを見送られることになる。プロ意識に欠けていると判断されたからにほかならない。

「遠征したホテルで具合が悪くなって、それで呼ばれたメンバーと交代になって。迷惑を掛けてしまったな、と。当時はよく風邪を引いてしまっていたので、体調管理にはすごく注意するようにはなりました」

後悔しても仕方がない。反省して、同じミスをしないように気をつければいい。トレーニングは一生懸命やっていたつもりだし、19歳のルーキーが下を向くことはなかった。

１９９９年から３年間は、リーグ戦12試合に出場したのみ。３年目の２００１年はわずか２試合にとどまっている。チャンスをもらえないと自分を見失いがちにもなる。20代前半ならなおさらだ。だが玉田は、あせってもいなかった。しっかりやっていれば、いずれチャンスが来ることを疑っていなかった。

「とにかく体が華奢だったし、プロでやるにはフィジカルが弱いなと痛感させられていたのでフィジカルコーチと話をして〝まずプロで戦える体をつくっていこう〟と。筋トレも結構やりましたね。ぼくとしてはスピードを落としたくなかったので、そういった要望をくんでコーチがメニューをつくってくれて。随分、体が強くなって体重も７、８kgくらい増えたんです。その３年間は確かに試合には出られなかったけど、自分にとっては良い期間だったと思います」

言わばこのときも開き直りに似た感覚。

そう水を向けると、玉田はうなずくようにして言った。

「ぼくからサッカーを取ったら何も残らないですからね。とにかくサッカーが好きだというところは大きいと思いますよ」

当時から海外サッカーも欠かさずチェックしていた。特にレアル・マドリーのストライカー、ラウルはお気に入りだったという。スペイン、イタリア、プレミアとフォワードを中心に見ることがサッカーの勉強にもなった。

積み重ねは、ウソをつかない。

玉田は4年目の２００２年シーズン、セカンドステージから出番を得るようになると、２００３年には2ケタの11ゴールを挙げてエースとして成長を遂げるのである。これまでの準備が、実った形となった。

「サテライトリーグでトップチームコーチの池谷（友良）さんがずっと自分のことを見てくれていて、多分、評価もしてくれていたと思うんです。トップの監督が（マルコ・）アウレリオさんに代わって、つなぎ役で池谷さんが暫定監督を2試合務めたんですけど、そのときに使ってくれて。ぼくも〝やれるな〟って手応えを得て、自信もついたんです。遠回りはしたかもしれないけど、やってきたことは間違いじゃなかったなと思いました。自信がついたことでプレーも良くなり、アウレリオさんになってよく使ってもらえるようになりました」

この活躍が日本代表のジーコ監督の目に留まり、２００４年に入ると日本代表メンバーに名を連ねるようになる。

アジアカップ優勝に貢献！　玉田を救った、三浦淳寛のなにげない一言

最初に呼ばれたときは、なぜだか大きな感慨もなかったという。

「小さいころ、作文で〝将来は日本代表になりたい〟とは書いていたんです。でもアンダーカテゴリーの代表に入ったことはないし、当然ながらワールドユースもオリンピックも出ていない。全然、代表が身近じゃなかった（笑）。Ｊリーグで結果を出して、すぐに呼ばれた感じだったから、全然ピンと来ていなかったんです。合流してからですね、すごいところに来ちゃったなと思ったのは」

ジーコジャパンは、スター集団。中田や川口能活、柳沢敦、中村俊輔ら上の世代に、一つ上は小野伸二、稲本らの黄金世代。ここには刺激が詰まっていた。

「最初は緊張しましたよ。もともと知っている選手はいなかったし、すぐに昼食だったんですけど、一言も発しなかったですからね（笑）。確か（藤田）俊哉さんが話しかけてくれて、それでちょっと緊張が解けたような。僕もキャリアを積んで〝アイツはテクニック

がある〟とか言われるようになりましたけど、はじめて代表に行ったときは一番下のレベル。みんなうまかったです。慣れてきたら自分なりにいろんな選手の動きを見て目で盗むようになっていきました」

萎縮しても、萎縮では終わらない。まわりと自分を照らし合わせながらテクニックを伸ばしていく。継続的に招集されていくのも、彼が自分のペースで代表を成長材料にしようと意欲的だったゆえだ。

玉田がジーコ監督の信頼を勝ち取ったのが、2004年夏に中国で開催されたアジアカップである。反日感情の高まりで、会場はどこに行ってもブーイングの嵐。玉田は鈴木隆行と2トップを組んで体を張って優勝に貢献している。

準々決勝まで無得点に終わっていたものの、準決勝バーレーン戦では延長戦の決勝ゴールを含め2ゴールを挙げた。決勝の中国戦でもトドメの3点目を決めている。ちょっとしたターニングポイントがあったと打ち明ける。

「代表の大きな大会で先発から使ってもらって、やっぱり緊張もあってずっと体が重かったんです。結果も出ていないから悪循環になっていたときに、チームメイトのアツさん(三浦淳寛)が一緒にストレッチしながら『フォワードなんて試合のうちで1点決めちゃえばいいいんだよ』ってサラッと言ってくれたんですよ。なにげない一言かもしれないけど、僕にはすごく大きくて、それでフッと体が軽くなっていく気がしたんです」

代表はみんなで戦うもの。

それを教えてくれたのも年上の先輩たちだったという。

「試合に出ていない年上の選手が率先して、出ている選手をサポートしていました。あのバーレーン戦のときも、相手のあの選手が足つっている、とか、お前のスピードだったら絶対に抜けるとか言ってもらえて……。代表ってまとまるとこんなにすごい力が出るんだなって感じました」

これもノーゴールからの開き直りが活躍を呼んでいる。つまりは意識を変え、見る角度を変えること。柔軟にチャンネルを変えていくことが、玉田の良さなのかもしれない。

ドイツワールドカップは玉田の現実的な目標になっていく。

しかしうまくいきそうなときに限ってうまくいかない。

２００５年シーズン、レイソルが残留争いに巻き込まれるなか、右足第5中足骨にヒビが入っていることが発覚した。残留争いの渦中にあるため「こんなときに休みたくはない」と無理を押して出場を続けていたのだが、代表合宿の際にジーコ監督に呼ばれてこう言われたという。

「折れている選手を使うことはできない。早く治して、代表のファミリーに戻ってきてくれ」

この一言で、玉田は手術に踏み切ることを決断する。悪化すれば完治までの時間も長くなる。チームはJ2に降格してしまう可能性もあるが、悪化させないためにはギリギリのタイミングでもあった。

玉田はジーコ監督に感謝した。

「戻ってきてくれと言ってくれたジーコさんの言葉はうれしかった。ぼくもファミリーの一員なんだと思うことができたし、早く治して代表のためにも力を注ぎたいという気持ちが強くなりましたから」

高校時代、市立船橋に勝って全国高校選手権に進みながらも1回戦で敗れた経験もあって「うまくいかないこと」には慣れている。彼はワールドカップを見据えて名古屋グランパスに完全移籍し、ケガを治してファミリーに戻ったのだ。

だからこそあのブラジル戦でジーコ監督から先発を告げられたとき、彼は高いテンションで臨むことができた。

自分の功名心ではなく、チームの奇跡を彼は信じていた。

開き直りは、ヒラメキからは生まれない。

強い信念がそこになければ、開き直ることなどできない。

ストイコビッチと岡田、2人の名監督が玉田の復活を後押しした！

濃密という表現では収まり切らないほどの1年。

２０１０年、あれは玉田にとって30歳になるシーズンだった。ケガに始まり、控えの立場から日本代表を支えた南アフリカワールドカップ、そして名古屋グランパスでの待ちに待ったリーグ初優勝……。

ジェットコースターのように過ぎ去ったあの年の、2年前にさかのぼる。

玉田はドイツワールドカップ以降、日本代表から遠のいていた。イビチャ・オシム監督が脳梗塞で倒れ、引き継いだ岡田武史監督から呼ばれたのは２００８年3月、南アフリカワールドカップのアジア3次予選、アウェーのバーレーン戦。そこから彼は再び代表に定着していくことになる。

代表復帰の予感はあった。この年、名古屋ではクラブのレジェンドである〝ピクシー〟ことドラガン・ストイコビッチが監督に就任。前年、不本意なシーズンを送ったことで移籍も視野に入れていた玉田は、ＧＭに就任した久米一正から連絡を受けたという。

「岡田さんが代表監督になって久米さんに『玉田をどうにか再生してほしい』と告げたら

しいんです。そのことを久米さんから聞いて、そして来年からピクシーが監督としてやってくる、と。チームを出ようかどうか迷っていたんですけど『残ります』と伝えたんです」

名古屋で結果を出していけば、代表でも呼ばれるチャンスが広がる。

心機一転。ストイコビッチ新監督のもとでチャンスメークもこなす攻撃の中心を担い、岡田監督から声がかかった。代表でも先発起用が続き、相手に奪われないキープ力によって味方の攻め上がりを促し、守備でもカウンター防止の役目を担った。アジア予選突破に尽力した。

２０１０年、迎えたワールドカップイヤー。

ドイツの悔しさを、南アフリカで晴らす。その思いを胸に秘めて前線で戦ってきた男の体は満身創痍でもあった。痛みを抱える右足首をかばうことによって左足首にも痛みが出るように。骨と骨の間に骨片が入っていたが、痛み止めの注射でしのいでいた。

４月の親善試合セルビア戦では左太腿打撲とケガは続く。ついにはワールドカップメンバー発表５日前の浦和レッズ戦で左内転筋肉離れを負ってしまう。

ドクターから告げられた診断の結果は全治１カ月。一瞬、頭が真っ白になった。だがすぐに気持ちを切り替える。１カ月なら本大会に間に合う。ドクターに頼み込んで、復帰まで長く掛かる可能性があることは伏せてもらった。

本人の努力や治療の甲斐もあってケガを治して間に合わせることができた。左足首の痛みすら消え、大会直前の強化試合イングランド戦に途中出場して復帰を果たすことになる。

「ドイツのときもそうでしたけど、大会が近づくにつれてコンディションがどんどん上がっていきました。でもケガで出られなかった時期を挟んで、（メンバー変更など）チームの方針も変わっていくなかで（レギュラーとしては）出られないんじゃないかと思うようにはなりました」

１トップにはＭＦ登録の本田圭佑が起用された。本田がどうこうではなく、ＦＷ登録ではない選手にポジションを任せなければならないことに複雑な気持ちがなかったわけではない。自分のコンディションも上がっていくなかで、その事実を受け入れなくてはいけなかった。

南アフリカでの悔しさとピクシー＆妻の言葉を胸に、名古屋の初優勝に貢献！

年齢的には上から数えたほうが早い。

玉田は２００４年のアジアカップ中国大会を思い出していた。ベテランの支えがあって、自分が活躍できたことを。意欲的にトレーニングに励み、チームメイトに目を配り、宿舎に戻れば若手に交じってゲームやトランプにも興じた。雰囲気づくりに彼も一役買った。

「チームとして結果を出さなきゃいけない。ぼくはこうだからって言ってる場合じゃない。チームを支えていくというときに自分の役割って何だろうとは考えました。昔、アツさん（三浦淳寛）や（藤田）俊哉さんらから学んだからこそ、南アフリカでやれたところはありましたから」

本大会まで負け続きで期待度が低かった岡田ジャパンは初戦のカメルーン戦に勝利して息を吹き返すと、3戦目のデンマーク戦にも勝利して2大会ぶりとなる決勝トーナメント進出を決める。玉田たちの支えが、チームの躍動をもたらしていた。

そんな彼にもチャンスが巡ってくる。

勝てば史上初のベスト8入りとなるパラグアイ戦。0―0で迎えた延長後半に、指揮官から「点を獲ってこい」とハッパを掛けられてピッチに入った。

オランダ戦に続いて、2試合目の途中出場。10分過ぎだった。左サイドをドリブルで駆け上がり、岡崎慎司からゴール前でパスを受けた。シュートを撃つには角度がなく、中央で待つ中村憲剛にパスを出したものの呼吸が合わなかった。結局スコアレスのままＰＫ戦に進み、日本は涙をのむ形となった。玉田の2度目のワールドカップは終わった。

「自分はこのワールドカップのために何をやってきたんだという思いもありました。帰って早く試合がしたくてたまらなかった」

流した涙は、これからの決意表明でもあった。

コンディションはいい。試合に出たい――。

ウズウズしていた彼は日本に帰国して名古屋に合流すると、その鬱憤を晴らしていくことになる。Jリーグ再開2試合目で2ゴールを挙げると、9月の清水エスパルス戦ではハットトリックを達成、グランパスは初優勝に向けて独走態勢に入った。

歓喜の瞬間は訪れた。

11月20日、アウェーでの湘南ベルマーレ戦。チームは重圧からかどことなく動きがぎこちなかったものの、仕事をしたのはやはりエース。玉田が左からのクロスにヘディングで飛び込んで先制ゴールを奪うと、そのまま逃げ切った。キャプテンの楢崎正剛たちチームメイト、裏方のチームスタッフとハイタッチする背番号11がいた。笑顔で近づいてきたストイコビッチ監督ともギュッと両手を握り合った。

指揮官の存在が、玉田のモチベーションになっていた。

「あの人に認められたいっていうのが根本にはありましたから。監督に就任されてすぐに、声を掛けてくれたことがあったんです。日本代表のいろんな選手の名前を出して、『お前が日本で一番だ』と言ってくれた。うれしかったですね、それは本当に。ストイコビッチさんのその期待に応えたいとずっと思っていて、３年目で優勝できた。ぼくにとっては何ごとにも代えがたい経験になりました」

そしてモチベーションになっていたのはもう一人。南アフリカでは、「必ずチャンスは来るから」と出番がなくともずっと電話で励ましてくれた妻に対して。その言葉が心の支えになった。優勝にたどり着いて、伝えたかった感謝。ピクシーにも、妻にも、そして応援してくれたすべての人々にも。

転んでもただでは起きない。もがいた先に２０１０年のハッピーエンドが待っていた。

優勝した年の名古屋のように勝ちグセをつけて長崎をＪ１昇格に導きたい！

もがいて、必死にもがいて。

それは決して１年のスパンの話ではなく、彼のサッカーキャリア全体を眺めてみても同じことが言える。その後も２０１４年まで名古屋でプレーし、セレッソ大阪での２年間を経て再び「名古屋の玉田」に戻った。そして２０１９年からは新天地の長崎でバリバリ働いている。

６月２日、フクダ電子アリーナ。

長崎はアウェーでジェフユナイテッド千葉と戦い、４－１と快勝してプレーオフ圏内の６位に上昇した。玉田がチームを動かしていた。

前半、攻撃のところでパスを渡した若手がボールを下げると、プレーが切れたところでコミュニケーションを取っている。おそらく、「この場面はこうしたほうがいい」と伝えているのだろう。相手からボールを奪い取って、ゴール前までドリブルで迫って倒されてＰＫを得た場面もあった。そのＰＫを外してしまって頭を抱えたが、気持ちの切り替えの早いところも彼の良さ。後半には左サイドでパスを受けてファーで待つ２トップの相棒、呉屋にラストパスを送った。ゴールには至らなかったが、玉田のセンスが光った。

試合後、ちょっと悔しそうな表情をする彼がいた。

「もうちょい速いパスで、もうちょい前に出してあげられたら（呉屋が）簡単にシュートを撃てたと思うから、自分の精度も上げていかないと」

そして表情を引き締める彼がいた。

「４－１で勝ちましたけど、逆のスコアになってもおかしくない試合でした。でもチームに底力があるから、負けてもおかしくない試合を勝ちに持っていくことができる。こうやって結果を出しながら成長していけばいいし、そうやってＪ１昇格に持っていかないと……。２０１０年の名古屋もそうでしたから。勝ちグセをつけていきたいですね」

あのときに負けないくらい濃密な1年になりそうな予感。

2019年のハッピーエンドを信じて——。

（取材日時／2019年5月16日・V・ファーレン長崎クラブハウス）

04 鉄人の思考法 玉田圭司

PROFILE

たまだ・けいじ●1980年4月11日生まれ、千葉県浦安市出身。V・ファーレン長崎所属のフォワード。習志野高校を経て、99年、柏レイソルに加入。06年、名古屋グランパスエイトに移籍。10年、過去最多の13得点を挙げリーグ初優勝に貢献。その後、セレッソ大阪、名古屋グランパスを経て、19年シーズンより、J2の長崎へ加入。日本代表は04年初選出。同年のアジアカップ連覇に貢献。06年ドイツW杯、10年南アフリカW杯出場。19年シーズンまでJ1通算99得点、J2通算26得点。日本代表国際Aマッチ 72試合 16得点。

その後の玉田圭司――

取材エリアを通る玉田圭司の足取りは重かった。

２０１９年11月３日、ニッパツ三ツ沢球技場。横浜ＦＣとのアウェーマッチに０―２で敗れ、１年でＪ１に返り咲く可能性が完全消滅した。先発したベテランは攻守に味のあるプレーをしていた。攻撃ではリズムを変え、守備ではリズムを促すように。試合の流れを読みながら、チームメイトに近寄っては指示を出していた。だが勝てなかった。

試合が終わって１時間近く経っても硬い表情は崩れない。

「まだまだチームが未熟だということ。（Ｊ１に上がれなかった）いまを一人ひとりが受け止めなきゃいけないとは思いますね」

言葉の絶対数は少ない。ゆっくりと、自らにも言い聞かせるように。

３試合を残しながらプレーオフ圏の６位以内に入れなかった事実の重みを、先頭に立って噛みしめているようであった。一時は４連勝を挙げて６位に浮上しながらも、勢いを加速させられなかった。描いていた後半戦の猛チャージは夢に終わったのだから。

勝ちグセ。

長崎に来た彼がよく使っていたフレーズである。内容よりも結果そのものを求めてきた。

勝ちがくっついてくれば、いずれ内容もくっついてくる。長年のキャリアに基づく経験則が、そう言わせていたのかもしれない。

しかし――。

玉田は知っている。うまくいかないことがずっと続かないことを。

２０１０年の南アフリカワールドカップでは出番が少なく、その悔しさを名古屋グランパス初優勝へのモチベーションに変えた。２０１５年には当時Ｊ２のセレッソ大阪で目の前にＪ１昇格が迫りながらも取り逃がし、コーナーフラッグ付近で大の字になった。あの失意をバネにして、翌年の昇格があった。２００４年のアジアカップだってそうだ。準々決勝までノーゴールだったフォワードは準決勝以降、爆発したのだから。

逆もまた知っている。うまくいくことがずっと続かないことを。

習志野高時代には勝てなかった市立船橋を撃破して全国への切符をつかみながらも、初戦敗退に終わった。すべての経験があって、彼がある。

何が大切かを、知っている。

うまくいこうが、いくまいがやり続ける。そのクセが、玉田には染みついている。

勝ちグセをもたらす、やり続けるというクセ――。

鉄人の思考法

鉄人05

木村 昇吾

Kimura Shogo

クリケット
（ワイヴァーンズ・クリケットクラブ）

「成功か失敗って自分が死ぬときまで
分からないんじゃないか。
この世を旅立つときに〝一生懸命
やってきてよかったな〟と思えたら
成功じゃないですかね」

14年のプロ野球生活を経て選んだのは、世界初となるクリケットへの転向

クビになった〝アラフォーアスリート〟のセカンドキャリア。

夢が終わったら、現実を考える。養う家族がいれば、アスリートの看板を取り下げて堅実な生活を選択するのが「常識」なのかもしれない。その道の指導者を選ぶ人もいれば、路線を切り替えて次のキャリアを進む人だって少なくない。

だが木村昇吾は違う。

夢が終わったら、また別の夢を追い掛けている。プロ野球の次はクリケット。世界最高峰と称されるインドの「インディアン・プレミアリーグ」（ＩＰＬ）でプレーすることを新たな目標に置いている。

俊足、堅守、巧打を兼ね備えたユーティリティープレーヤーは横浜ベイスターズ、広島カープ、西武ライオンズと14年間のプロキャリアを歩み、２０１７年シーズン限りでピリオドを打った。戦力外通告を受けて参加した12球団合同トライアウトでは声が掛からず、話をもらったのは社会人野球や独立リーグからの「選手兼任コーチ」しかなかった。

唯一、心を揺さぶられたオファーが知人の新聞記者を介して受けたクリケット選手への

転身だったという。

転身を決めてから1年半の歳月が過ぎた。

もうすっかり、クリケットのプレーヤーだ。充実の日々を送っていることは日焼けした血色のいい表情を見れば十分に伝わってくる。

転身してほどなくクリケット男子日本代表強化選手団に選出され、日本の「ワイヴァーンズ・クリケットクラブ」に所属しながら、２０１８年夏はクリケットの競技人口が世界2位というオーストラリアのクラブチームに練習参加。日本のシーズン後になる10月には再びオーストラリアに渡って、今度はリーグに出場している。そして２０１９年夏にはワールドカップで優勝経験のあるスリランカでの武者修行に入る。

夢からまた夢へ。

だが彼からすれば「夢じゃなく目標」。夢物語にチャレンジするのではなく、ＩＰＬに必ず辿り着くとの強い意欲がのぞく。

なぜクリケットだったのか？

木村は火傷しそうなほどの熱い視線をこちらに向けて語り始めた。

信頼できる記者の勧めもあり、わずか5秒で「クリケットをやる!」と決意

「日本クリケット協会から日本プロ野球選手会のほうに『誰かクリケットをやる人いませんか?』という相談があったみたいなんですけど、誰もやる人がいなかったそうなんです。(協会の)事務局の人からそんな話をされた知人の記者が『いい人がいますよ』と連絡を入れてきて、5分くらいいろいろと聞いたところで〝オレ、やるな〟と思ったんです。もう直感的に(笑)。クリケットの知識はちょっと映像を見たくらいしかない。でも競技の特性を考えても、野球の技術が活きるはずですから。

とても信頼していた記者の方が話を持ってきてくれて、野球に対するぼくの情熱も知っている彼が勧めてくるんだから、これはやるべきだなって。家に持ち帰って妻に相談したら『面白そうだね』と言ってくれました。妻も野球への情熱を埋めるものがなかったらこの人はダメだって心配してくれていたみたいなんで、背中を押してくれました」

外から見れば〝転職〟の枠内だが、木村はそう捉えていない。

「ぼくはプロ野球選手であると同時にアスリート。そう考えるとアスリートをやることに変わりはないじゃないですか。トライアウトに参加したとき、自分の動きがすごくいいなっ

て感じていて、所属先が決まれば次のシーズンもできる自信がありました。まだアスリートとしてやり切っていないし、そこにクリケットの話がきて、情熱も傾けることができそうだなって思ったんです。アスリートという道を野球という車で走ってきて、今度はクリケットという車に乗り換えただけ。そんな感覚なんですよ。車を例に出したら野球号の操作の仕方で、クリケット号も動く。知らないボタンはいっぱいあるけど、基本操作が野球と似ているなら何とかなるやろって」

どこか楽観的なのが、実に彼らしい。

野球の原型となっているイギリス発祥のクリケットの競技人口はサッカーに次いで２番目に多いとされ、ＩＰＬで最も稼ぐ選手はスポンサー収入などを含めて年収30億円以上といわれている。イギリス、インド、オーストラリア、スリランカ、パキスタン、南アフリカなどで盛んなワールドワイドのスポーツだ。しかし日本ではマイナーの域を出ない。

ビッグマネーに夢はあるものの、それだけなら動かなかったはずだ。プロ野球選手から転身したのは初めてのケースで、かつＩＰＬでプレーできれば日本クリケット界の先駆者になることができる。２０１９年、元横浜ＤｅＮＡベイスターズの山本武白志《むさし》がクリケット挑戦を表明したが、木村が活躍すればもっと広がりを見せていく可能性がある。クリケットを通じた大きなロマンこそが、情熱の動力源となっている。

「いまの時代、スマホでどんな情報でも調べられるじゃないですか。日本での話ですけど、宇宙のことは調べる人がいても、クリケットのことはなかなか調べないでしょ。でもやってみたら、このスポーツは楽しい。日本にも広めていきたいっていう思いはあります」

使命感に近い心情も、彼のモチベーションを高めている

近いようで遠い野球とクリケット。37歳スタートの木村はどんな思いと知恵で挑んでいるのか?

クリケットはどんなスポーツか。

超簡単に説明すればボウラー（投手）がボールを投げ、バッツマン（打者）が打ち、得点を競い合うゲームだ。

1チーム11人で守備と攻撃を1回ずつ行ない、守備はボウラーとウィケット・キーパー（捕手）以外の9人が自由なポジションで配置につく。打者は防具を身にまとい、ボートを漕ぐオールに似た形のバットで打つ。アウトになるまで延々と一人で打ち続けるのが、野球のルールとの大きな相違点と言えるだろうか。３６０度がフィールドでファウルゾーンがないのも特徴で、アウトにならないで得点を稼ぎまくるのが名バッツマンへの道だ。

バッツマンはストライカーとも呼ばれている。

しかしながら日本で競技人口が少ないということは、指導者も少ない。木村はインターネットの動画で独学しつつ、日本クリケット協会の全面協力を受けた。6時間ぶっ通しで打ち続けたこともある。

生きたボールを打てる機会が毎日あるわけではない。一つひとつのトレーニングを大切にして、自分の打ち方を模索していった。

野球は細いバットを横軸に振り切るが、太いバットになるクリケットは縦軸。アウトにならないためにコツコツ当てていく技術を持っておくことが大切だ。ところが彼はコツコツから始めるのではなく、フルスイングでボールを捉えることにこだわってきた。

「37歳になってやり始めて、クリケットをずっとやってきた人には技術でなかなか追いつけないと思うんですよ。同じ時間をもらえるなら、その人の持っている技術に勝つ自信はあります。でも時間が限られているなかで、プロ野球で身につけた元々もっているものをクリケットに付随させていったほうが絶対にいいと思ったんです。フルスイングからやっていって、そこから（細かい技術へと）下りていったらいいんじゃないか、と」

打球が約64mの境界線をノーバウンドで越えれば、一気に6点獲得できる。そのコツを最初につかんでおきたかった。個性をつけることで売り込みにもつながる。己の価値を可能な限り速やかに高めようとしている。

誰かからアドバイスを受けたわけじゃない。

どこかで近道をしなければＩＰＬには辿りつけない。人と同じことをやっていても辿り着けない。受け身になることなく、自分の道は自分で切り拓いていくもの。生き抜くためには、目標に辿りつくためには知恵を絞り出さなくてはならない。

夢からまた夢へ。その道は経済的にも楽ではない。

「サポートしていただいている方はいる」とはいえ、プロ野球時代の貯金を切り崩しつつの生活を強いられている。クリケットで得られる収入は乏しい。３人の子供を養いながら「目標」を追いかけるチャレンジはイバラの道だ。

理解ある妻のためにも、サポートしてもらっている周囲のためにも。

「自分の力で切り拓いて、お金を稼げるような選手に早くなっていかないといけないと思っています。スリランカに行くのも、そのため。経済的には確かに厳しいですよ。でも厳しいからやらないのかと言われたらそれは違う」

明るい反骨心が木村にはよく似合う。

ドラフト11巡目でプロ野球入りしてきた男はずっとそうやって荒波を乗り越えてきたのだから。

小2時代に小6の試合で活躍！　夢は「10億円プレーヤーになる！」だった

将来どんな自分になりたいか。

木村は明確にあった。いや、過去形にはしていない。小学校の卒業文集で誓ったことを〝アラフォー〟になってもずっと追い求めている。

「10億円プレーヤーになる！」

プロ野球界では1億円にすら届かなかったとしても、年間30億円を稼ぎ出すトッププレーヤーがいるクリケットの世界で達成すればいいだけのこと。

悲壮感は似合わない。

「何とかなるやろ」的な楽観と「何とかせなあかんやろ」的な反骨。この両輪を明るく回して彼はドラフト11巡目指名からプロ野球界の荒波をタフに15年間も乗り切ってきた。

むしろ少年時代からずっと彼は「木村昇吾」であり続けている。

「昔からぼくを知っている人は言うんですよ。クリケットに挑戦すると伝えたら、『お前っぽいな』って。その〝っぽいな〟は、ちょっと悔しいですよね。だってこっちはあんたらの予想の上を行ったぞって思っていたのに」

目尻のシワが楽しそうに揺れる。豪快な笑いが彼にはよく似合う。生まれも育ちも大阪。

「オヤジが巨人好き、オカンが高校野球のＰＬ学園好き。特に桑田真澄さん」

野球家族にどっぷり浸かった木村少年は物心ついたときには、ボールを投げて壁に当てる「壁当て」ばかりやっていたという。好きこそ物の上手なれ。チームに入ったら、とにかく野球、野球、野球。物怖じという言葉は木村の辞書にはなく、小２なのに小６の試合に勝手についていったという。

「キャッチボールを６年の人とやって『お前、何年や？』と聞かれて『２年』って答えたらびっくりしていましたね。投げる距離も６年生と同じで全然平気やったんで、根拠のない自信は小さいころからありました」

投げれば三振、打てばホームラン。

根拠のない自信は次第に大きくなっていき、プロ野球選手になるのは当然だと思っていた。プロ野球の世界に入って、スターになることを信じて疑わなかった。

「小学校のとき、高槻ブラザーズというチームに成田くんという子がおったんですよ。身長１８２㎝あって、注目されていたんです。でも彼のボールも打てるし、投げたら抑えられるし、『まだ小さいけど、成長して成田くんくらいになったら〝オレ、間違いなくすごくなるな〟と思っていました」

同世代のスーパースター、松坂大輔と一緒に写真を撮った甲子園

地元の中学を卒業して、香川の強豪・尽誠学園に進学。高校3年時に夏の甲子園への出場を果たすことになる。ここで同世代のスーパースター、横浜高のエース・松坂大輔（西武ライオンズ）と初めて遭遇する。自分がスターになることを信じてやまない木村は実際目にするスーパースターをどのように見ていたのか。

「ライバル心なんてないですよ。大輔だけはもう別格でしたから。ぼくらの世代のほとんどがアイツに少しでも追いつきたいという気持ちだったんじゃないですか。漫画のヒーローみたいな感じだったんじゃないですかね。ぼくもそうでしたから。

開会式のリハーサルが前日にあって、大輔の周りは凄い人だかりで。選手もみんな一緒に写真を撮りたいから長蛇の列ができていました。高校野球ファンもすっごいおるし。僕もカメラをポケットに忍ばせてましたけど、そんなん近づかれへんわってあきらめたんです。そうしたら入場行進の練習が終わってスタンドでバラけているときに、なぜか大輔が近くにいて。これはチャンスと思って『松坂くん、写真撮って』とお願いしたら快くＯＫしてくれて、大輔も初めて会うぼくに『尽誠、強いよね』と言ってくれたんすよ。心の中

では『やめてくれよ、強い横浜高校が言うなや』って思ったんですけど、そんなこと言われたらテンション上がりますよね」

だが尽誠学園は2回戦で姿を消し、木村はドラフトにもかからなかった。プロの道を信じて疑わない彼は、愛知学院大学に進むことを決める。ここでも松坂に絡んだエピソードがあるという。

「当時、チームメイトと名古屋のテレビ局で、他球場の結果を聞いてアナウンサーさんにメモを渡すアルバイトをしていたんです。たまたま大輔のプロ初登板のときに担当していて。アナウンサーの人から『君たちも頑張って』と言われて〝くそーっ、いまに見とけよ〟って思いましたね、あんときは」

木村は1年からショートのレギュラーを張って周囲の評価を上げていく。ヒットもホームランも、守備も走塁も。そしてベストナインもリーグMVPも。プロ球団から視線が集まるようになり、横浜ベイスターズから11巡目のドラフト指名を受けた。

打って守って走って10億円稼ぐ〝なりたい木村昇吾〟がいたから頑張れた

念願のプロ野球選手になったとはいえ、10億円プレーヤーを目指す男にとって入り口に立ったにすぎない。ヤル気はあるし、練習もする。しかし大学時代のように打つことができなくなっていた。1年目こそ21試合に出場できたが、何年経っても2軍生活から抜け出すことができない。4年目のシーズンを終え、1対2トレードの「2」のほうで広島カープに放出された。

20代終盤に差しかかっても、芽が出ない。

それでも木村は明るさを失わない。

落ち込むくらいなら、生き延び方を考えろ。根拠のない自信をベースにした〝何とかなる楽観〟と〝何とかしなきゃいけない反骨〟を、フル回転させた。

広島では内外野すべて任されてもいいように守備力とユーティリティー性、そして走力を磨き上げることで1軍に定着するようになる。代走と守備固めで自分の地位を上げていく。

木村はこう振り返る。

「ぼくとしては（本来のポジションである）ショートをやるのが大前提です。有無を言わさぬ力があればショートだけやらせてもらえると思うんですけど、力を証明できていないんだからしゃあない。1軍で活躍したいなら、まずは1軍にいなきゃいけない。そうしたらいずれチャンスはくるだろうから。残るためには『外野やれるか？』と聞かれて『やれません』って断ったらそこで終わり。イヤイヤでも、しゃあないんです。ただ、やるからには守備固めに入れるくらいのレベルにしとかないとあかんし、心のなかで『何かをつかんだる』と思って必死にやる。走塁もそうです。

物事ってマイナスに考えると、ええことってあんまりないじゃないですか。あんまりやったことのないポジションやれと言われて、ヨッシャーって思う人いないでしょ、多分。だけど、ぼくのなかには打って守って走って10億円稼ぐという〝なりたい木村昇吾〟がある。いろんな可能性を考えたときに、なんでもやれる自分をつくっておくことが、そこに近づく道やと思ったんです。だからマイナスに考えず、プラスで受け取るようにしていましたね」

守るのも走るのもいいけど、バッティングがどうもなあ。

それが広島でのファンの一般的な木村評であった。そんなこと、分かってんねん。1軍にしがみついていけば、いつかプロで通用するバッティングのコツをつかめるはず。プロ入りして8年。待ちわびたその瞬間が訪れたのだった。

「強い打球を打ちたいとなるとぐっと力が入って体が開いてしまうのがクセになっていました。どうしたらいいか分からなくなって、コーチに投げやりに『(バットを)寝かせて打つしかないですよ……』とぼやいたら、『それでいけ』と。無理でしょ、力も入らないしと思ったんですが、(打ち方を)試したら、自分の打ちたい構えが見つかった。ああ、これやと、バチーンとはまったんです」

打率は3割を超え、２０１１年にはレギュラーとして１０６試合に出場。「なりたい自分」の取っかかりをつかんだのだった。13年には62試合ながら自己最高の3割2分5厘をマークしている。木村はチームに欠かせない走攻守そろったプレーヤーになった。

なりたい自分に近づくには、１軍の高いレベルにしがみつくことで「引き上げられていく」ことが大切だ。

自分の考えは間違っていなかった。

この経験が、岐路に立たされたときの判断基準にもなっていく——。

カープでの環境に甘えて「勘違いしていた」自分を正すためのＦＡ宣言！

目の前にチャンスがあれば飛び込む。

たとえ周りから無謀と言われようとも、笑われようとも関係ない。価値基準を定めるのは、あくまでも自分。己の心に従い、突き進めばいい。

木村は、そうやって自分の人生を歩んできた。

大きな決断となったのが、２０１５年シーズンを終えて海外フリーエージェント（ＦＡ）

権を行使したことだった。横浜ベイスターズからトレードで入った広島カープで8年を過ごし、次のチャレンジに視線を向けたのである。

その年の成績は72試合に出場し、打率は２割６分９厘。絶対的なレギュラーではなく、守備固めや代走での起用も少なくなかった。ゆえに「勘違いＦＡ」などと揶揄する声も上がった。広島はＦＡ宣言後の残留を認めていないため、他球団からオファーがないリスクもある。それでも木村はせっかく得た自分の権利を使うことにこだわった。

真相は、「勘違い」とは真逆だった。勘違いしそうな自分を正すためのＦＡ宣言だったことはあまり知られていない。

「正直、環境に甘えている自分に気づいたんですよ。あまり試合に出ていないんだったら〝くっそー〟となるのが普通。あのとき年俸を４０００万円くらいいただいていて生活は不自由ないし、試合に出ていなくても1軍にいるし、心のどこかで満足していた。それで、ちょっと待てよ、と。もう一人の自分が〝お前、小学校の卒業文集で10億円プレーヤーになるって書いたくせに、1億円にも全然届かないのに満足してんのか？〟と言うてくるんですよ。

〝ちゃう、ちゃう〟と反発したくなるじゃないですか。そんなときにＦＡ権が目の前にあって〝やるんか？　やらんのか？〟って迫られたら、やっぱり環境を変えるべきやなと思いました。考えすぎてどうにかなるんじゃないかっていうくらい悩みましたよ。でもたとえどんな結論が出ても、自分が出した結論やから後悔せえへんなと思うことができたから最終的に決断できたんです」

納得いかない成績、半レギュラーという立ち位置でも満足しそうな自分。それは木村昇吾の姿じゃないと断じた。ドラフト11巡目から、ここまではい上がってきた。守備固めも代走もユーティリティー性も、１軍で生き残ってビッグになる足掛かりに過ぎない。

足掛かりから抜け出せないオレを悔しがれ。

４０００万円の価値のオレを悔しがれ。

だから彼は愛着あるカープを飛び出した。ここで出ていかなかったら「なりたい自分」を放棄することにつながると考えた。

成功か失敗かが分かるのは自分が死ぬとき。だから、一切の後悔はない

結局、どの球団からもオファーはなかった。

埼玉西武ライオンズの入団テストを受け、正式にチームの一員となった。ＦＡ宣言した選手のテスト入団は初めてのケースだったという。年俸は出来高が付帯するとはいえ、半

分近くまで下がった。しかし後悔は一切なかった。なぜなら、もう一度、がむしゃらすぎるほどの自分を取り戻せそうな予感があったからだ。

西武での2年間は苦しかった。

1年目は右ひざ前十字じん帯断裂の大ケガを負って38試合の出場にとどまり、戦力外通告から育成選手として再契約した。2年目は6月に1軍復帰しながらも、出場はわずか3試合。自由契約の憂き目にあった。

事実だけ並べると、ＦＡ宣言が失敗だったように周りの目には映るかもしれない。しかしそれは人生をショートスパンで切り取った見え方に過ぎない。

自分を取り戻せたうえで、彼はいま、目を輝かせてクリケットの世界に身を置いている。

彼は言う。

「西武時代はケガもあったけど、いっぱいいい思い出があります。パ・リーグの野球を知ることができたのも大きい。稀代のホームランバッターである中村（剛也）、山川（穂高）、ヒットマンの秋山（翔吾）、そして〝怪獣〟の森（友哉）……才能あふれるアイツらと一緒に野球やれたことも財産やし、ぼくのなかでは誇らしい。クリケットに転向してからも、栗山（巧）やカープの大瀬良（大地）たちも見てくれています。プロ野球でいっぱい仲間ができたというのが、何よりうれしいですよ。ＦＡしたから、つながったところもありますから。

成功か失敗って、それって自分が死ぬときまで分からないんじゃないかっていうのが僕の考え方です。この世を旅立つときに〝一生懸命やってきて良かったな〟と思えたら成功じゃないですかね。だから自分としてはクリケットの世界で頑張るしかない。これも自分で決めた道やから、後悔なんて一切ないですよ」

決して強がりじゃない。関西弁交じりの生き生きした口調がそう納得させる。

本場のインドで、クリケットの偉大さを体感したエピソードとは？

目標があるから、頑張れる。

好きだから、頑張れる。

木村が眺めているのは世界最高峰の「インディアン・プレミアリーグ」（ＩＰＬ）。ここに辿りついて活躍できれば、10億円プレーヤーだって夢じゃない。

２０１８年5月、インドに赴いて初めて夢の舞台を目に焼きつけてきた。

ここが自分の目指す場所なんだ、と心が躍った。

「何て言うんすかね、見るもんじゃないなって思いました。プレーヤーの立場からしたら

〝あそこでやりたい、やってみたい〟って途中からウズウズしちゃって、居ても立っても居られなくなりました（笑）。実際、プロ野球でやってきましたから、プレーヤー側から見る景色もイメージできましたし、近い将来、ここでプレーしたいっていう気持ちが高まりました。高いレベルに身を置いたら、自分の実力も引き上げられる。だから早くこのIPLに飛び込めたらなっていう思いが、大きなモチベーションになっています」

クリケットの本場インドで感じたことはもう一つある。

それはいかに人々から愛されているか。

現地の空港でこんなエピソードがあったという。

「航空会社のカウンターで野球のバットケースを預けるときに『これは何ですか？』と聞かれて、中に入れていたクリケットのバットを見せたら、担当者のテンションがいきなり上がったんです（笑）。日本のナショナルチームにいて、26球で62得点を挙げたんだっていう話をしたら『あなた、すごいね』と。ほかのスタッフも集まってきて、サインをして握手をして。クリケットって偉大なスポーツなんだってことが本当によく分かりました。日本のプロ野球の世界しか知らなかったんで、何か自分の世界が広がっていくような感じもしています」

まわりがどう自分を見ているのか、ではなく、自分が自分をどう見ているのか。

成功か失敗かの価値基準よりも、やるかやらないか。

自分を取り違えることこそが勘違い。

あのＦＡ宣言があったからこそ、木村はたくましい自分自身を取り戻すことができたのだった。

プロ野球時代もいまも、もう一人の自分が楽することを許してくれない。

木村には、もう一人の自分がいる。

努力して、目いっぱい取り組んで、あきらめずに向上心を持ち続ける。

この〝本当の自分〟と〝本来の自分〟は違う。彼は苦笑い気味に言う。

「本来は、かなり怠け者だと思うんです。楽をしたいですよ、そりゃあ。プロ野球時代、そんなんじゃ活躍できないことは分かっていても、しんどいな、これ以上の練習は面倒くさいなって帰ろうとする自分がいました。するともう一人の自分が必ず出てくるんです。〝楽をしようとしてるやろ。えーよ、でも、なりたい自分になられへんで。それでもええんやな〟って。結局〝しゃーない〟となって室内練習場に入って、10分だけ打ってから帰ろってなる。やりはじめたら集中するようになって10分なんかじゃ終わらない。結局、4箱分のボールを打ってるわけです。一歩踏み出して、しんどいほうを選べばいいことが待っているんだと本当の自分は分かっている。

（クリケットの世界に飛び込んだ）いまもそうですよ。家のソファーで寝転んでいたら、もう一人が耳もとでささやいてくる。〝楽をしようとしてるな、えーよ、なりたい自分になられへんけど〟って。嫁もそれを分かっているんで、『練習に行くんでしょ。いってらっしゃい』となる（笑）」

楽をしようとする自分のケツを叩き、怠けを追い出す。本来の自分を追い出して本当の自分に戻してあげる。

練習はきつい。きついからうまくなる。うまくなるからもっと競技が好きになる。好きになるからもっともっと練習しなきゃいけないと思うようになる。練習はきつい、きついから……。このローテーションがルーティンとなり、14年間に及ぶプロ野球生活の土台となったことは言うまでもない。クリケットでもその姿勢は変わらない。

涙が自然とこぼれた、オーストラリアでのみそ汁の味

野球がこれほど盛んでも、日本におけるクリケットの浸透度は低い。

練習をやろうと思っても施設は限られており、都内にある野球の室内練習場をクリケット仲間で借りなければならない。わざわざピッチングマシンのボールをワンバウンドさせ

る設定にして、交代しながら打つ。所属する「ワイヴァーンズ・クリケットクラブ」や日本代表の試合が週末に組み込まれていれば、翌日に試合会場で練習してから戻るようにしている。チームメイトはほぼ全員がほかに仕事を抱えているが、クリケットに専念する彼は個人でも練習を欠かさない。

「プロ野球選手だったからって簡単にできるわけじゃない。一方でプロ野球選手だったからできるっていう思いもある。気持ちのバランスは大切にしています」

謙虚に、一方でプロ野球出身の誇りを持って。

「時速１００㎞に満たないスピンボールを、当てられない。体に当たるワンバウンドのボールって、野球では避けてきたのに、ここでは打たなきゃいけない。避け切れなくて、足の指を骨折したこともあります。やっぱり簡単には打たせてもらえない」

こんなときにも、もう一人の自分が顔を出してくる。

〝お前、大谷翔平の１６０㎞のストレートを、センター前にヒットを打ったことあるよな〟。

謙虚が弱気に変わろうとすると、それを食い止めてくれる。

「ワンバウンドのボールをバーンとすくって打つと、信じられないくらい飛ぶんです。そのとき投げた日本代表のボウラー（投手）が『あんなに飛ばされたことない』と言ってくれました。プロ野球出身の誇りに懸けて〝どんなもんじゃ〟ともなるし、逆に、簡単にアウトになってへこむことも少なくない。試合でダメだったら、ちょっと違う練習をやってみようかとなるし、試合で良かったら、あの練習で良かったとなる。結局は積み重ねしかないと思うんです」

本来は浮き沈みのある自分なのかもしれない。でも本当は、浮き沈みを正すことができる自分なのかもしれない。気がつけば、しっかりと前に進んでいることが実感できる。

２０１８年６月、クリケットが盛んなオーストラリアのクラブチームに一人で武者修行に出向いた。

最初は虚無感に包まれたという。

「うまくいかなくて猛烈にへこんだことがあって……。それに知らない土地で慣れない競技を外国の人に交ざってやっているわけですからね。オーストラリアの夕陽を見て〝オレ、ここで何をやってんねん、つい最近までプロ野球やっていたはずなのに……〟と気持ちが沈みました。やっぱり精神的にきつかったんだと思います。即席のみそ汁を持ってきていたので、朝にそれを飲んだら美味しくて涙が出てきました。それから米とみそ汁を決まって食べるようになってからは元気も出ましたけど」

米&みそ汁パワーで虚無感を消し去って、やり甲斐が膨らんでいく。

謙虚な姿勢と明るい振る舞いでチームに溶け込み、つたない英語でチームメイトの懐に飛び込んで技術を教えてもらった。うまくなっていくと、よりクリケットが面白くなっていく。

チームのウィケット・キーパー（捕手）からは驚かれたそうだ。

「1週間前のショウゴとは全然違う。お前の上達のスピードはケタ違いだ」と。その一言によってクリケットの世界でもやっていけるという自信の取っ掛かりを得ることができた。

クリケット最高峰を目指し、40歳を一区切りにして抗い続ける！

クリケットへの転身から1年半。

いまもなお、浮き沈みと葛藤しながら前へ向かう彼がいる。

「おいしそうな球が来ると、どうしても野球に近いスイングが出てしまう。30年間野球やってきたから染みついてしまっている。ぼくのなかでは〝野球さん、あなたは出てこなくていい〟と言っても、反射的に出てきてしまう。芯に当てられずに〝ああ、やってしまったな〟と、その繰り返しで。持ち味のフルスイングこそが自分の武器やとしても、もうちょっとクリケットの打ち方で点を獲らないといけない。その按配が難しいところはあるにしても、いまのままでは自分のなかの〝クリケットさん〟は肩身が狭すぎる。もう少し〝野球さん〟を制して、〝クリケットさん〟を表に出していかなきゃならないですね」

へこむことは多い。でもへこんだままでは終わらせない。

「プロ野球のときも、自分がミスして負けたらとことんへこんでいました。でもミスに対して目をつぶることはないですよ。打てないときもそう。全部受け入れて反省しないと、絶対にうまくならないから。ただ、(気持ちが)下の下までいったら、あとは上がるしかない」

本来の自分と、本当の自分。

甘さのある自分と、トコトン厳しい自分。

浮き沈みのある自分と、それを打ち消せる自分。

常に対照的な角度から自分を見つめ、コントロールし、切り替えていく。このマインドが、木村をアスリートとして逞しくさせてきた。

すべてを受け入れながら、葛藤しながらも、「なりたい自分」を見失わない。クリケットでも足元をしっかり見つめながら、己のレベルを伸ばしている、

クリケットの世界最高峰と称される「インディアン・プレミアリーグ」（ＩＰＬ）に辿りつくために――。

39歳の彼は、40歳を挑戦の一つの区切りと考えている。

ガムシャラに夢を追えるのも、期限設定することで甘さを取り除き、前向きな葛藤で歩

を進めていけると考えたからではなかったか。

「30代と40代では、アスリートを見る周囲の目が違う。プロ野球ではクビになっているわけだし、〝オレは違うぞ〟と言っても、それは仕方のないこと。そっちには抗えない。空が青いのって、抗えないじゃないですか。だったら〝そっち〟じゃなくて〝こっち〟で抗ってやればいい。ぼく自身が頑張ってガムシャラにやっていくしかないんです」

無理なんじゃないかと疑う自分がいる。と同時に、ここに辿りつくためにいまのキャリアがあるんじゃないのかと奮い立たせるもう一人の自分がいる。

面倒くさいな、しんどいな。

怠け者の虫がうずく。そのたびに出てくるもう一人のオレ。

答えは一つしかない。しんどいほうを選べばきっといいことが待っている。

妻、子供たちの「行ってらっしゃい」を力に。クリケットバットのケースを手に、木村昇吾はきょうも練習の虫となる。

（取材日時／２０１９年6月22日・佐野クリケットグラウンド）

05 鉄人の思考法 木村昇吾

PROFILE

きむら・しょうご／1980年4月16日生まれ、大阪府大阪市出身。クリケット選手。尽誠学園で３年夏に甲子園出場。愛知学院大を経て、02年ドラフト11位で横浜ベイスターズに入団。以後、内野の全ポジションをこなせる守備力、強肩、俊足が持ち味のユーティリティープレーヤーとして、広島東洋カープ、西武ライオンズで活躍。17年に戦力外通告を受け、クリケットに転身。プロ野球選手がクリケット選手に転向した事例は、世界で初となる。18年、男子日本代表の強化選手に選出された。世界最高峰のインドリーグを目指し挑戦中。

after that

その後の木村昇吾―――

木村昇吾は２０１９年夏、クリケットの強豪国として知られるスリランカにいた。一カ月の武者修行。名門チーム「シンハラ　スポーツクラブ」（ＳＳＣ）の3軍が受け入れ先となった。20代前半の若い選手たちと一緒になって汗を流した。全体練習は火曜と木曜の週2回しかないため、毎日午前中に練習のある他チームにも参加して〝ハシゴ〟したという。ＳＳＣに顔を出さない日はない。全体練習がなくとも、自主練習で誰かがいた。

「スリランカはスピンボールが主流で、ボウラーのレベルも高いから打つのはなかなか難しいんです。見るのも練習。チームメイトがいい音を出して打っているのを真横で見たり、コツを教えてもらったり……。最初はみんなから『誰だ、コイツは？』みたいな目で見られていたんですよ。でも段々と『おい、ショウゴ』って年下の選手からも気安く声を掛けられるようになって（笑）。優しく丁寧に教えてくれるので、ありがたかったですね」

コーチの言葉がうれしかった。

「勤勉に努力することを、このチームに浸透させてほしい」

木村の姿勢は名門ＳＳＣに認められ、２０２０年3月からチームの一員として加わることが決まった。評価されているのは野球で磨き上げてきた守備。クリケットではあまり重視されてこなかったものの、近年は守備の強化に目を向ける風潮が強くなっているという。木村はバッティングを教えてもらう代わりに、フライに対する目測など自分が持っている守備のノウハウを若い選手たちに伝えている。

スリランカで活躍できるようになれば、木村が目指す「インディアン・プレミアリーグ」（ＩＰＬ）も現実的な目標になってくる。２０１９年シーズンを制したムンバイ・インディアンスのヘッドコーチはＳＳＣ出身。彼のなかで、こういった「つながり」も単なる偶然ではないような気がしている。

帰国後、木村は日本代表として出場した「エンバシーカップ」で優勝に貢献した。（日本に住む選手たちで構成された）インド代表との決勝戦ではオープニングバッツマンとして、25得点以上を叩き出した。チームメイトにも「昇吾さん、バッティングがかなりうまくなっている」とあまりの吸収スピードに、驚きの目を向けられている。

「スリランカに行ったことがぼくにとっては非常に良かったと思っています。発見できたことは本当に多いし、自分でもよくなっているなっていう感覚がありますから」

本場スリランカでいきなり通用できるほど甘い世界ではないことは重々分かっている。それでも木村は高い壁に、迷うことなく挑む。

鉄人の思考法

鉄人06

和田

Wada Tsuyoshi

毅

野球
（福岡ソフトバンクホークス）

「ぼくは満足したことが1回もない。
その日その日の満足はあるけど、
いまが自分の最高地点だと思ったら
モチベーションがなくなる。
満足したら、やめるときじゃないか」

同世代の松坂大輔、新垣渚らスターとは比べるべくもなかった高校時代

マウンドに戻ってくるたびに輝きを帯びる。

福岡ソフトバンクホークスの左腕、和田毅は待っていたファンの期待を裏切らない。

２０１９年８月12日も、そうだった。ヤフオクドームでの北海道日本ハムファイターズ戦。右太もも裏痛から約３週間ぶりに復帰した彼は、立ち上がりの１回表を３者連続三振に抑えた。

コンパクトな腕の振りから繰り出す伸びのあるストレートは、バチンと乾いた音を立ててキャッチャーミットに収まる。左手をクルンと回した小さなガッツポーズは、心の躍動をも映していた。５回86球１失点での勝利投手。ホークスの「21番」にはヒーローインタビューのお立ち台がやっぱりよく似合う。

その10日ほど前、福岡・筑後市のファーム施設で復帰に向けて入念に調整する彼の姿があった。炎天下のグラウンドを黙々と走り、その後もフィジカルトレーニング、フォームのチェックとたっぷりと汗を流していた。

己に向き合いつつも、トレーニングの合間には何かを確認するようにコーチやトレー

ナーとコミュニケーションを密に取っていく。一分一秒を無駄にしない、妥協しないという姿勢は見ているほうにもひしひしと伝わってくる。

和田は言うまでもなくホークスの大看板だ。

早大のドクターKは２００２年に自由獲得枠でホークス入りを果たした。新人王を獲得した1年目から5年連続で2ケタ勝利を挙げ、7年ぶりのリーグ優勝を成し遂げた２０１０年は17勝で最多勝タイトル、リーグＭＶＰを獲得した。翌年、16勝を挙げてリーグ2連覇、そして日本一を果たした。メジャー挑戦を経て２０１６年シーズンに復帰すると再び最多勝タイトルをもぎ取っている。

しかし高校時代の彼は、同世代の松坂大輔、新垣渚らのスターと比べるべくもなく、目立った存在ではなかった。島根・浜田高時代は2年生で夏の甲子園に出場も初戦敗退。翌年、ベスト8まで進んだものの、最速１２０㎞台のピッチャーにプロ志望などなかった。

だが早稲田大学進学後に野球人生が変わる。

1年秋のリーグ戦からスピードは１４０㎞台を計測するようになり、次第に頭角を現すようになっていく。このターニングポイントに、和田のアスリート哲学を知ることができるのかもしれない。

学生トレーナー土橋との二人三脚で、大学野球史に残る大エースに成長！

早大1年時の夏、同い年の学生トレーナーに出会った。ブルペンで投球練習を見ていたそのトレーナーから「１４０㎞出るんじゃないか？」と言われたことがきっかけだった。

和田が振り返る。

「最初は〝何言ってるの？〟と思いましたよ。元々１３０㎞も出ないので〝オレのこと知らないんだろうな〟と。冗談に聞こえたんですけど、彼を見たら真顔でした。そして『普通に出るよ』と言ってくれました。ぼくのなかでも限界というか、これ以上は伸びないと思っていたので、どうせだったら出してみたいなって思うようになって。ぼくの目標は大学4年間で1回でもいいから早慶戦のマウンドに立つこと。それに向けてやってみようって思いました」

学生トレーナーの名は、土橋恵秀。これから先、ずっとパートナーを組むトレーナーになるとはお互いに思っていなかったであろう。特に実績があるわけでもない同学年の学生トレーナーの言葉を和田は疑うことなく信じた。

4年には藤井秀悟、3年には鎌田祐哉、一つ上の2年には2浪の末に入学した江尻慎太郎と、それぞれの学年にプロから熱視線を浴びるピッチャーがいた。注目される先輩の陰に隠れて「ある程度好き勝手やらせていただきました」と彼は笑う。

土橋トレーナーのもとで腰の骨盤を一気に回転させていくフォームの改造に着手した。グラブを持つ右腕をどう使うかなど来る日も来る日もコミュニケーションを重ねながら一緒につくり上げ、わずか２カ月後には夢の１４０㎞台に届くようになっていた。

聞く耳を持ち、やるなら徹底的に。

決心貫徹。

なぜそれができたのか。和田は柔らかい笑みを浮かべて言った。

「当時のぼくは筋肉がどう動くとか骨がどうとかそんな知識もない。信じて、考えて、一生懸命にやるしかない。もし（着手した）その投げ方で肩やひじが壊れてしまったら、それまでの選手でしかなかったということ。それに大学を卒業したら教員になって高校の指導者になりたいと思っていましたから。ダメだったらスッパリ（野球を）あきらめられる。腹を括ったわけじゃないけど、そんな気持ちでしたね。自分の能力が優れてないと分かっているからこそ、努力するしかなかった。逆に努力したら、スピードが出るようになるんだなって実感を持つことができました」

思考と努力。それがあれば求めているものを得ることができる。この得難い経験が、和田の基本姿勢の柱となっていく。

２０００年、２年の春季リーグでは１４０km台のスピードを手にして先発に食い込んだ彼ではあったが、新たな課題も持ち上がった。それはスタミナ不足だ。フォーム改造の次は、肉体改造の必要に迫られた。和田と土橋の出した答えは「走る」だった。

ここでも徹底的にやろうとする和田がいた。ゴールデンウィークは朝9時からお昼休憩を挟んで夕方5時まで走り続けたと明かす。まるでマラソン選手ばりだ。

「体も大きくないので、ウエイトトレーニングをやっても重いものがなかなか上がらない。〝じゃあ走るしかない〟って、走ることに関しては誰にも負けたくないっていう思いで始めたんです。それからスタミナもついて、完投もできるようになって……。土橋も走り込むのは大事だと言っていました。走り込んでおくことが将来のためにもなる、と。当時は本当によく走ったと思います。だからいまでも走ることに抵抗は一切ないんです。若い選手より全然走れる自信はありますよ。走るスピードでは勝負できないですけど（笑）」

この年の6月、アメリカで開催された日米大学野球選手権の日本代表メンバーに選出された。石川雅規、久保裕也、山田秋親ら後にプロ野球入りするピッチャーがそろうなか、九州共立大に進学した新垣もいた。同世代のスターに頼んで記念撮影したことを昨日のように覚えている。「このときはまだお客さんみたいな感じ」と、代表にたまたま入ったくらいの位置づけだった。

思考と努力が、その立場も変えていく。

教員を目標としていたのが、いつしかプロ野球選手になる夢を描くようになる。大学4年になると、江川卓の持つ東京六大学の奪三振記録を塗り替え、早大を52年ぶりとなる春秋連覇に導いた。押しも押されもせぬ早大のエースに成長し、松坂世代の注目株になっていくのである。

プロでの活躍と長いキャリアを経ても、聞く耳を持つ大切さを忘れない

あの投球フォーム改造から20年。

様々な栄光を手にしても、誰よりも努力しようとする姿は変わらない。土橋トレーナーとの出会いのように、誰よりも聞く耳を持とうとすることを忘れない。

２０１８年、春季キャンプで左肩に違和感を覚え、1軍から離れた。初めて痛める箇所、骨がぶつかるような感覚だった。トレーナー、スタッフと相談しながらリハビリメニューをこなした。あらゆる治療も試した。それでもなかなかうまくいかない。秋からは血小板を使用して組織の修復、再生を促すＰＲＰ療法に踏み切った。1軍での登板はゼロに終わっ

たものの、復帰を信じてやみくもに懸命に取り組む姿勢が快方に導いていく。いろんな人の意見や情報をもらいながら、彼は投手生命の危機を脱したのだった。

２０１９年６月23日、セパ交流戦天王山。和田は先発のマウンドに登った。巨人を５回１失点に抑える力投。伸びのあるストレートは健在だ。交流戦優勝を決める勝利が６５１日ぶりの勝ち星となった。

和田は言う。

「正直、何かのおかげで（肩が）治ったというよりはやってきた全部のおかげ。（メンタル的に）波はありましたけど、ケガの途中は〝もう治らないな〟とあきらめるんじゃなくて、〝だったら次は何をやればいいだろう〟っていう考え方でした。トレーナーさんにも『次は何をやればいいかな？』とかしょっちゅう聞いていたんで、すごく悩ませていたのかもしれない。一理あるなと思ったものは、すべて取り入れてやっていましたから」

立ち止まるのではなく、走る。閉ざすのではなく、開く。

ケガとの闘いでも彼は前向きに思考を走らせようとした。前向きに周りとコミュニケーションを取ろうとした。やるなら徹底的に――。

和田は試練に強い。

自分を、人を、信じるから強い。

結果が出ていない以上は（年俸を）下げられても何も文句は言えない

和田は、等身大の人だ。

リーグ制覇、日本一、最多勝、リーグＭＶＰ……ホークスでいくらきらびやかな栄光を手にしても、虚栄心の欠片すら見当たらない。「ありのまま」という表現がしっくりくる。ゆえに自分を、またはケガや不調といった自分に起こる負の現実を客観的に受け止めることができるのかもしれない。

岡目八目。

岡（傍）から見る目は八目先を見越す、との囲碁用語。つまりは対局者よりも冷静に状況判断できるとの意味から「第三者目線に立つほうが客観的に物事を見つめられること」を表わす。彼はまさに自分に起こる事象に対して第三者的観点を常に持ち合わせている。ネガティブな事象を無理やりポジティブに転換するのではない。むしろ運命とばかりにそのまま受け入れる。

２０１８年末の契約交渉で４億円だった年俸は野球協約の減額制限を大幅に超える３億円減の１億円となった（プラス出来高払い、金額は推定）。３年契約の初年度こそ15勝を挙げたものの、左ひじのケガに苦しんだ２０１７年は4勝、そして左肩痛に悩まされた２０１８年は1軍登板がなかった。とはいえ本人の予想を超えているかもしれない超大幅なダウンにショックを受けるかと思いきや、ニュース報道に映し出された彼はサバサバと時折、笑みを交えてメディアの質問に応じていた。

その話題を持ち出すと、彼は心静かに球団への感謝を口にするのだ。

「結果が出ていない以上は（年俸を）下げられても何も文句は言えないですし、それでも提示してもらえたっていうのは逆にありがたい。そういう気持ちのほうが強いですね。球団には感謝していますし、期待に応えなきゃいけないと思ってやっています。

この年齢になってくると投げたくとも投げられないピッチャーが増えてくる。体が元気でもクビを切られる選手も出てくる。そのなかで『（肩の）ケガが治ったら期待している』と言っていただいたし、絶対に治して頑張ろうってあらためて思うことができた。２、３年一つのケガで苦しむ人もいるのに、ぼくは1年もかかっていない。１、２年経っても治らなかったらさすがに自ら身を引かなきゃいけないだろうなってもちろん覚悟もしていました。ただ野球をやっている以上、ケガは起こりうること。ケガなく野球人生を終えれば最高ですけど、そんな人なかなかいないですからね」

サバサバと淡々と。冷静に凝視できるのも、広い視野と深い懐があるからだ。

ケガでベンチ入りできなかった高校時代に、視野を広げる重要性を学んだ

一体、彼のキャラクターはどのように形成されていったのか。

ヒントの一つに、浜田高時代があるように感じる。高校2年時、ケガをして投げられない時期があった。それまでは「マウンドに上がるとあまり周りが見えなくなってしまうタイプ」だったというからいまの彼からは想像がつかない。

どういうことなのか。

「守ってくれている周りのことよりも、自分が抑えなきゃっていう思いばかりが強かったんです。打たせて勝つとかじゃなく、自分がいいボールを投げていれば勝てるんだ、と。それまでは投げているときに視野を広げようとしたことがなかった」

ケガでベンチ入りもできず、バックネット裏からチームの試合を眺めることがあった。ずっと気づいてこなかったことに気づかされた。野球は仲間と一緒に戦うスポーツなんだ、と噛みしめた。

和田が語る。

「当たり前なんですけど、ピッチャーの投げる1球に対して全員が動いているんです。位

置を変えたり、カバーしたり……ぼくが1球投げるたびに、これだけの人が反応してくれているんだと初めて認識しました。ぼくはそれまでフォアボールも多くて〝これじゃ、ダメだな〟って。ケガを治していいボールが投げられるようになったら、動いてくれているみんなのところに打たせればいい。〝自分で抑えよう〟〝自分一人で何とかしよう〟じゃなくて、まわりが守ってくれれば勝てるんだという考え方に切り替わりました。そんな気持ちで投げるようになったら、フォアボールもちょっと減りました。プロになってからも、たとえばそのバッターの特徴でここを守ってくれているんだから、ここに打たせようとか、まわりのポジショニングをちゃんと見るようになりましたね」

キレのあるボールで三振の山を築くのも、変化球で打たせて取るのも和田の魅力である。仲間を信頼し、逆に自分を信頼してもらう。チームメイトがエラーをして謝ってきても、「大丈夫だから」と送り返す。こうやって彼は周りとの信頼関係を強くしてきた。

「大したことない」自分だからできる努力が、和田を成長させ続ける

野球における広い視野はやがて、物事を客観的に見つめる目となる。

野球は一人でやるもんじゃないと気づかされた高校時代、１２０kmの球速を伸ばした大

学時代。周りの協力があって、人一倍の努力があって「自分」が成立する。そのマインドが抜け落ちることはない。

「元々、自分はすごくない、大したことない。だからちょっとでもフォームが崩れたり、フォームが噛み合わないとなると元の自分に戻るんじゃないかって、そういう危機感が常にありました。軽く投げて１４０㎞出せるようなピッチャーであれば、自分のことを〝すごい〟と思えるかもしれないけど、実際そんなんじゃありませんから」

視野が狭くなったら、努力がなくなったらすぐに落ちてしまう。

視野が狭くなったら、努力がなくなったら和田毅ではなくなってしまう。

謙遜でも、自己評価をわざと厳しくしているわけでもない。「大したことない」を受け入れ、黙々とやるべきことをやる。

「走ることにしてもやらないと上にはいけないと思ったから大学のときにあれだけやれた。最初からプロに行けるよっていうレベルなら〝そこまで走らなくても〟と思っていたかもしれない。大したことなかったのが、自分にとっては良かったのかなって思いますね」

だからずっと「大したことない精神」。

だからずっと等身大――。

「こうしろ」と命じない先輩と、「こうさせてください」と主張しない新人

組織に「なるはや」で適応していく力が、彼にはある。

早大時代、急激に評価を高めた彼は自由獲得枠でホークスに入団。ルーキーイヤーの２００３年、ローテーションの一角に定着して14勝５敗（防御率３・３８）の好成績でパ・リーグ優勝に貢献し、新人王に満票で選出された。阪神タイガースとの日本シリーズでは第７戦で先発完投して胴上げ投手になっている。

ホークスに和田あり——。

これが１年こっきりの活躍ではなく、５年連続で２ケタ勝利を挙げるなどホークスのエースとして成長していく。その高い適応力の源泉にあるものは一体、何か——。

準備、吸収、逆算。

そういったフレーズが出てくるかと思いきや、和田の口から出てきたのは意外な言葉であった。

「いやいや、１年目はいろんなことを考えるというよりも自分のことでいっぱいいっぱいでしたよ（笑）。とりあえずいままでやってきたことを、出していくしかない、と。ただ

一つ言えるとしたら、投げやすくしてもらったのはすべて城島（健司）さんのおかげ。感謝の思いしかないですね」

当時プロ野球界を代表するキャッチャーであった城島は27歳、脂が乗りまくっていた時期。強肩強打の人はこのシーズン、「３割、30本、１００打点」を初めてクリアするなどキャリアハイを記録してリーグMVPに輝く。和田にとって「すごいキャッチャーですごいバッター」の尊敬する先輩からの一言が大きかったという。

初登板の際、18・44m先にいる城島の姿はとにかく大きく見えたという。

城島は、和田にこう語りかけた。

「サインに首を振りたかったら好きに振れ。逆に振ってくれることでお前の考え方が分かる。でもどうしてもお前にこのボールを投げさせたいという場面では、もう１回同じサインを出す。そのときはオレのことを信じて投げてくれ」

ルーキーの緊張を解き、投球に集中させ、信頼関係を築く先輩の言葉は、和田の心に響きまくった。

「城島さんがそう言ってくれたから、気持ちがすっと軽くなったというか。でも本当に首を（何回も）振ったっていうのは初先発のときくらいだったと思うんですよね」

プロ初先発となった4月1日の近鉄バファローズ戦こそ6回⅔を投げて5失点して敗

戦投手となったが、8日後の西武ライオンズ戦で6回無失点と好投してプロ初勝利を挙げている。そこからは順調に勝ち星を積み上げていく。首を振らなくて済んだのも、城島が投げやすいようにしてくれたから。逆に言えば和田も自分をさらけ出して委ねる勇気があったからこそ、最高の信頼関係を築けたと言えるのかもしれない。

「こうしろ」と命じない先輩と、「こうさせてください」と主張しない新人。尊重の関係性が、和田の活躍を引き出したようにも見えてくる。

連続2ケタを続けていても、プロ4年目まではあたふたしていた⁉

プロ1年目から継続して結果を残しながらも、自分を見失うことはない。

〝自分なんて大したことない精神〟の彼は、プロに食らいついていこうとそれだけで必死だった。外から見ればキラキラと輝いて映るが、本人はまったくそう思っていない。少なくとも最初の3年間は、ガムシャラという言葉がはまっていた。

「1シーズンを通して、きちんと投げられるようになってきたなと思い始めたのは4年目でした。それまではとにかく必死でしたし、あたふたもしていました。試合の中盤になると、結構打たれることが多かったので。4年目になって、自分をあまり追い込みすぎてはいけないとか、休まなきゃいけないぞというサインを体から感じたときにそうするとか、１年持たせるためのペースというものが段々とつかめるようになっていったんです」

４年目とは防御率で初めて２点台を記録した２００６年シーズンのこと。それはメジャーリーグにチャレンジした城島がチームを離れた年でもあった。城島という大きな存在がチームを去ったいま、これまでどおりの自分ならば進歩がない。環境の転換期に合わせ、自分も変化させていく。同級生の杉内俊哉、新垣渚らと強固な先発陣を形成していくなかで、人一倍の努力と客観力でプロの一人前のピッチャーとして自立していく節目のシーズンとした。

組織や環境が変わったときに適応していく力。

メジャー挑戦でもそうだった。

和田は２０１１年にリーグ２連覇と８年ぶりとなる日本一に貢献して、海外フリーエージェント権を行使。ボルチモア・オリオールズと２年契約を結んだ。

しかしながら――。

移籍してすぐのスプリングキャンプで左ひじに違和感を覚え、じん帯損傷が発覚。５月にトミー・ジョン手術を受け、ボールが握れるまでに４カ月を要したという。１年後の復帰を目指して懸命なリハビリや走り込みを続けた。先を見据えたひじを痛めないフォーム、体づくりによって、手術から1年半経ってから効果を感じるようになる。

オリオールズとの契約は更新されなかったものの、シカゴ・カブスではマイナー契約からはい上がってメジャーに昇格した。3度目のチャンスとなった7月28日のコロラド・ロッキーズ戦に先発し、7回5安打6K1失点で待望のメジャー初勝利を挙げた。「もしこの日がダメだったら次がない」と覚悟を決めてマウンドに立った。以降は先発ローテーションに定着して、新しい契約を勝ち取ったのだった。

アメリカに渡ってすぐの大ケガにもひるまず、結果的にはカブスで先発ローテーションに食い込んでいった。適応力なくして、この軌跡はなかった。

メジャーは自分の考えを主張していくのが当たり前の世界だ。

日本のように黙々とやる姿勢だけでは伝わらない。そう察知した彼は積極的に監督、コーチたちに自分の意思を直接、言うようにした。

「最初はなかなか自己主張とかできないので戸惑いはありました。でもそうしていかないと自分を認めてもらえない。だから自分のほうから主張していかなきゃいけない。

オリオールズ時代はほとんどリハビリしかしていないし、精神的にもきつい2年間でした。ケガで何もせずに帰ったら恥ずかしいし、何のためにアメリカに来たのかも分からない。マイナー契約でも何でもアメリカに残りたかった。メジャーの環境で、主張することは大事です。でも一番は何と言っても結果を出すこと」

和田は３Ａで９勝を挙げて、自分の力でメジャーを勝ち取った。自己主張しながら、覚悟を持ちながら。だがメジャー初勝利を挙げたといっても、達成感などなかった。

「常に自分のパフォーマンスは、１００じゃないといけない。１００を出し続けないといけない。それだけを考えました。メジャー契約に切り替わっても元々がマイナー契約なので約束されているわけじゃない。メジャーで1勝したからといって、次に失敗したら新しい選手と入れ替えられる。結果を残し続けなきゃという思いでしたね、あのときは」

メジャーに食らいついていくために——。「必死」と「客観」をベースにしたその高い順応力はここでも発揮されていた。

アメリカでの5年間は成功とはいえないが、もう一つの視野を手に入れた

結局、翌シーズンは再びケガに泣かされ、ホークス復帰を決断することになる。だが一点の曇りなく懸命にチャレンジできたアメリカでの5年は、彼にとってかけがえのない財産になった。

和田は言う。

「ケガがあったり、マイナーにいる時期が長かったりしたことでいろんなことを感じ取ることができました。日本での最初の9年間はほぼ1軍だったので、2軍や3軍の選手たちとそこまで触れ合う機会もなかった。だからその人たちの本当の気持ちを分かっていなかった。でもアメリカでマイナーにいる選手たちのハングリー精神みたいなものを知ることができた。

日本人選手がいきなりメジャー契約でやってくると、彼らに抵抗感があるのもよく分かりました。競争にもまれてきた彼らからすれば〝どうして最初からメジャーなんだ⁉〟っていう思いが強いので。だから日本から来た選手は、結果を出し続けないといけない。ぼくもそうでした。アメリカに行って、また一つ視野が広くなったようにも感じます」

ビンビンと伝わってくる抵抗感をはねつけ、自分の実力を証明する。

強じんな精神力なくして、ケガやマイナー生活を乗り越えてメジャーのローテーションはつかめない。メジャー通算5勝5敗。成功を収めたとは言えないものの、逃げずに戦った対価をしっかりと手にすることができた。

ホークスに復帰した２０１６年シーズン、彼は再び日本野球に適応して15勝を挙げて最多勝タイトルを獲得する。

「アメリカから日本に戻ってくると、全盛期のころより力は落ちているんだろうなって見られがちですよね。当時の心境がどうだったのか思い出せないですけど、まだやれるぞっていうところを見せたかったのかもしれない」

アメリカ仕込みの抵抗感、ハングリー精神が、和田の心に火をつけたのだろうか。一つひとつの経験を取り込み、また違った自分の味とする。

環境に合わせていく広い視野と、刺激を取り込んで自分だけに向ける狭い視野。

前者は「客観」、後者は「必死」につながる。

順応力にテクニックなどない。客観と必死、そのうえにやり遂げるという意志そのものが抜け落ちてはならないのだと和田のキャリアが語っている。

阪神淡路大震災のときから、社会貢献したいという思いは膨らんでいった

和田にはずっと続けている社会貢献活動がある。

プロ３年目の２００５年から認定ＮＰＯ法人「世界の子どもにワクチンを　日本委員会」（ＪＣＶ）を通じてワクチン支援を行なってきた。メジャーリーグ挑戦で一時中断となったが、ホークスに復帰した２０１６年シーズンから再開している。

自らの成績に応じて支援するのが和田の「僕のルール」。公式戦で投げる１球につきワ

クチン10本を寄付する。つまり100球投げたら、1000本のワクチンとなる。これが勝利投手となると1球につき20本に変更して、完投勝利や完封勝利となったらさらに増やす。リーグ、クライマックスシリーズ、日本シリーズの優勝でも加算していくのだ。

1軍登板のなかった2018年はチームが日本シリーズを制したことなどを含めて計3万1000本のワクチンを送った。2018シーズンまでワクチン約53万人分、金額にして約3100万円を寄付している。2006年にプロ野球人の社会貢献活動を表彰する「ゴールデンスピリット賞」を受賞したのもうなずける。

元々、「大人になったら慈善活動はやりたい」と考えていたという。

島根に住んでいた中学時代、阪神淡路大震災の被害をテレビで見て深く心を痛めた。将来、自分が稼ぐお金で社会貢献したいという思いは自然と膨らんでいった。

プロ野球の選手になって球団に「何かできないか」と相談していくなかで、世界にはワクチンを接種できずに命を落とす子どもが多くいることを知った。寄付を始めてから14年、ワクチン支援が世間的に広がりを見せてきたことへの喜びは少なからずある。

和田は言う。

「実際、（寄付したワクチンが）届けられている写真や、ワクチンを泣きながら受けている赤ちゃんの写真を見せてもらって〝良かったな〟って実感を持つことができます。自分が始めたころよりも（ワクチン支援に対する）全体の認知度は上がっていると思うし、活動が大きなものになっていることは非常に嬉しく感じています」

続けることに意味がある。

認知や活動の輪が広がっていくことが和田の望み。ひいてはそれが野球に対するモチベーションの一つともなっている。活動を通じて、ワクチンや感染症のことも分かるようになった。自分が活躍してチームが勝っていくことが、支援にも、支援を呼び込むことにもなる。

「年によって、どの感染症に対するワクチンなのか割合も違ってきます。ぼくとしてもその知識が広がってきたというのはありますね。ぼくの支援は金額ではなく本数。これからも1本でも多く贈呈できるようにっていう気持ちです」

なぜ1球ごとの寄付なのか。

これは本人に尋ねていない。いや、尋ねる必要がないと言える。

野球に無駄な1球などない。その1球に、彼は自分の命を吹き込んでいるからだ。あせることのない1球への誇りが、「1本でも多く」へとつながっている。

彼にはもう一つ、ずっと続けている社会貢献がある。

それはオフシーズンに地元の出雲市で開催している「和田毅杯少年野球大会」だ。スポンサーを募らず、自分のポケットマネーで運営している。こちらも２００５年から始めて、２０１８年まで14回実施している恒例行事だ。

　子供たちに野球を好きになってほしい。その一心で始めたこと。

「ぼくは小中高と島根で育って、プロ野球に直に触れる機会がなかった。高校になると遠征があるので試合が終わった後に福岡や広島でホークスやカープの試合を見ることができるんですけど、小学生、中学生のころにはない。自分も少年時代にプロ野球選手に憧れて練習してきたし、プロ野球選手が来る地元の大会があるよ、優勝したらヤフオクドームに招待するよ、となったら、子供たちが野球をやる、または、野球を続けるきっかけになるかもしれないと考えたんです。子どもって純粋じゃないですか。だから何かきっかけがあると、野球って面白いなって思ってくれるかもしれないので」

　大会には顔を出して、子供たちと触れ合う。表彰式では優勝、準優勝のチーム一人ひとりに自分でメダルをかけて握手する。昔「あれば良かった」と感じたプロ野球とのつながりを自分で行動に移してつくり出した。これも続けることに意味がある。子供たちにプロ野球選手と触れ合う機会を与えるためには、自分が活躍しなければならない。これも和田のモチベーションとなっていることは言うまでもない。

和田の求める1球は、「いま自分が思っているボールよりもいいボール」

和田は元チームメイトであった松坂大輔と同じ学年になる１９８１年の早生まれ。２０２０年２月で39歳になる。〝松坂世代〟は館山昌平、永川勝浩、實松一成が２０１９年限りでの現役引退を表明したが、和田は踏ん張っている。苦しんだ左肩痛を克服して６月に復帰して以降は、ケガで抜けた時期はありながらも先発ローテーションを守ってきた。１３０km台のストレートにはキレがある。熟練の投球術で己の役割を果たしている。

野球そのものに対するモチベーションは下がるどころか上がっている。

彼は言う。

「１日でも長く野球をやりたいという気持ちはあります。ちょっとでもうまくなりたいし、ちょっとでもいいボールを投げたい。そのためには、１年間通して野球をしっかりやるにはどうしたらいいか、ぼくはそればっかり考えている（笑）」

いずれ和田にも引退の決断に迫られるときはやってくる。

この先をどう考えているのか。そう尋ねると客観的に己を観る人は静かな口調で語っていく。

「やっぱりちょっとでもうまくなりたいとか、いい球投げたいって気持ちがなくなったときがやめるときなんじゃないですか。いまは体がついていっているのでまだやれると思っていますけど、ついてこなくなったらそのときなのかもしれない。その意味ではシーズンオフが一番きついんです。（体を追い込む）一番、嫌な時期なんですけど、そこでいつも〝さあやるぞ！〟って思ってやってきた。それが〝もうやれないです〟となったら……。やっぱりぼくにとっては準備が一番大切なんです。だからしっかり準備ができるなら、まだやれると思っていますよ」

心の強さ、体の強さ。

シーズンオフが一番嫌というアスリートはなかなかいない。それほど自分に厳しく向き合い、準備できるのも野球に対する情熱が衰えないからこそ。

和田にとって、いいボールとは一体何か。

即答だった。

「いま自分が思っているボールよりもいいボールです」

そして、こう付け加えた。

「ぼくは（自分に）満足したことが1回もない。その日その日の満足はありますけど、いまが自分の最高地点だと思ったらモチベーションがなくなるじゃないですか。もっとスライダーを速くしたいとか、カーブだったらもっと大きく曲げてブレーキかけたいとか、考え出したらキリがないですよ（笑）。それこそ満足したら、現役をやめるときなんじゃないですか」

１日１日、１球１球の真剣勝負。

一点の曇りなく、求道とモチベーションを野球に傾けて。野球を続けることに、マウンドに立ち続けることに意味がある——。

（取材日時／２０１９年８月１日・タマホームスタジアム筑後）

06 鉄人の思考法 和田 毅

PROFILE

わだ・つよし●1981年２月21日生まれ、島根県出雲市出身。福岡ソフトバンクホークス所属の投手。浜田高校から早稲田大学に進学。４年時にはエースとして52年ぶりの春秋連覇達成に貢献。2002年、福岡ダイエーホークスに入団すると、03年、14勝で新人王の活躍。日本シリーズでは新人ながら胴上げ投手に。12年、海外FA権を行使、ボルチモア・オリオールズに移籍。16年、福岡ソフトバンクホークス復帰。５年ぶりの復帰初年度に最多勝利と最高勝率を飾る。19年シーズンまで日本での通算記録は、130勝70敗。防御率3.13。

after that

その後の和田 毅――

力まず、飄々《ひょうひょう》と。

和田毅は、どでかい仕事をサラッとやってのける。あの日の夜もそうだった。

２０１９年10月23日、日本シリーズ第４戦、東京ドーム。彼は３年連続日本一を懸けた一戦で先発を託され、読売ジャイアンツのエース、菅野智之と真っ向から投げ合った。圧巻だったのは2回。３者連続三振でビシっとしとめた。ストレートは走り、変化球はキレた。５回無失点は当然の出来。４タテの優勝劇に格別の存在感を示した。

レギュラーシーズンは４勝４敗で終えていた。２週間前に先発した西武ライオンズとのクライマックスシリーズファイナル第１戦でも４回３失点と今ひとつピリッとしなかった。きっとこの日も同じような姿を想像した人は少なくなかったかもしれない。しかしまったく逆の想像をした人も決して少数派ではなかったはず。大事なところでしっかりと役目を果たしてきた足跡を振り返ってみれば、「すごい和田」の予感はあったのだ。

どうして彼は勝負強いのか。

インタビューを通して感じたことがある。彼は境遇に、事象に悲観を持たないのではないいか、と。

１５０kmのストレートがなければ、投球術を磨けばいい。体が大きくないのなら、走る力を身につければいい。きっとどんなことに対しても悲観を達観に置き換える力が彼には備わっている。

年俸が大幅に下がっても、「この年齢でこれだけもらっているのだから」と感謝の方向に持っていく。ケガが長引いてもやるべきことをやる日々に、波をつくらない。

力まず、コツコツと。

自分を「大したことない」と謙遜する一方で、卑下することもない。人からすれば歯を食いしばる努力も「自分に必要なことだから」と自然体でやってのける。毎日を変わらず同じトーンで過ごすことで和田毅はつくられてきたのだと感じないではいられない。

しっかりと準備するだけ、全力を尽くすだけ。毎日の結集が、あの日本シリーズの一戦には詰まっていた。

２０２０年も彼は福岡ソフトバンクホークスのローテーションの一角を担っていることだろう。さりげなく、いい仕事をして。

年齢にも悲観しない。

悲観しない限り、和田毅であり続ける――。

鉄人の思考法

鉄人07

寺内 健

Terauchi Ken

飛び込み
（ミキハウス）

「演技だけが完璧でもおそらく
9点までしか出せない。
生きざまが映って10点になる。
だからぼくは日常から大切にしないと
いけないと思っているんです」

07 鉄人の思考法 寺内 健

飛び込みは演技が完璧でもダメ。生きざまが映って10点になる！

飛び込み界のレジェンド、寺内健は〝いまが旬〟の鉄人である。

２０１９年7月の世界水泳選手権、男子シンクロナイズドダイビング３ｍ飛板飛込決勝。一回り年下の坂井丞《しょう》とのペアで7位に入り「東京オリンピック内定」をつかんだ。夏季オリンピック6度目の出場は馬術の杉谷泰造に並ぶという。9月のアジアカップでは男子３ｍ飛板飛込で優勝を遂げ、個人でも東京オリンピック出場を決めたのだった。

39歳にして競技の第一人者。１・６秒というオリンピック種目で最も時間が短い競技を、ずっと突き詰めてきた。

純粋な競技愛と厳格な求道心。

一瞬の勝負を制すために、彼が大切にしようとしているものはそれだけではない。寺内がずっと大切にしているのが「生きざま」である。

8月下旬、彼の地元であり練習拠点を置く兵庫・宝塚を訪れた。

背筋がピッと伸び、キビキビしていて一つひとつの動作にスキを見せない。それでいて柔らかい雰囲気を醸し出す。そんな寺内に、道を究めるために大切なものは何かと尋ねてみた。

誠実な人は、真っ直ぐな目線で言った。

「審判から（満点の）10点をもらおうと思ったら演技の完成度の１００％にプラスして生きざまだと思うんです。これまでどれだけ苦しんできたか、どういう思いがあってどういう練習をしてきたかっていうものがパフォーマンスの奥に映っているとぼくは思うんです。演技だけが完璧でもおそらく９点までしか出せない。生きざまが映って10点になる。だからぼくは日常から大切にしていかなきゃいけないって思っているんです」

生きざま。

すなわち、人が生きていくありさま。その態度。

彼は完璧な１・６秒を成すために、１日24時間に「内観」の糸を張る。スーツケースを飛び込み板と見立ててその端に靴を並べ、この日も撮影用に着たジャージを丁寧かつきれいに折り畳んだ。几帳面な性格というよりも、飛び込みで結果を得るための欠かせない日常の所作としているだけだ。

「たとえば階段を左足から上るというのは決めています。もし右足からになってしまったら、一度降りてから上り直します。なぜルーティンを崩してしまうのかと言ったら、ボーッとしているから。それじゃダメなんです。タオルの畳み方は20年以上、同じようにしています。試合前に聴く音楽も大事にしていて、そのときになって決めるんじゃないんです。好きなヒップホップ、ファンク、ソウルミュージックのなかで、遠征に行く前から〝今回はこれにしよう〟と決めておくんです」

練習も１００％、練習以外の日常も１００％。１・６秒を制するためにここまで徹しなければならないということ。

寺内は小学5年生で飛び込みを始めて以来ずっと師事しているコーチがいる。厳しく自分を育て、成長させてくれた馬淵崇英《すうえい》コーチに少年時代、常日頃言われていた言葉があるという。

「飛び込みだけ良くてもいい選手になれるわけじゃない。人間として成長しなければ成績も良くならないし、誰からも応援されない」

寺内少年の心にグサリと刺さった。

競技の都合で学校に行けないこともよくあった。だが、自主学習で授業の遅れを取り戻し、勉強や学校生活にも一切手を抜くことがなかった。人としての成長が飛び込みの成績につながる――。高校1年生でアトランタオリンピックに出場するなど日本飛び込み界の中心となっていく寺内がシドニー、アテネ、北京と4大会連続で出場できたのも、人間力を高めていくことができたからだ。

試合前日の状態が良くなかったときに、いい結果が出ることが多い

飛び込みは、空中で回転、ひねりを加えたフォームを披露して入水する採点競技。踏み切りの姿勢、フォームの美しさやその難易度、入水における姿勢、角度が採点の基準となる。競技者は水しぶきの上がらない「ノースプラッシュ」と呼ばれる完璧な入水を目指す。

飛び込みは恐怖心との戦いだという。

いくらキャリアを積んだところで消えたことはない。

「高いところからプールに飛び込む恐怖心ではありません。板ギリギリに飛び過ぎて頭や体をぶつける怖さがあります。どうやったってその恐怖心は消えないもの。でもそれがあることで集中力は高まるんです。自分のコンディションの確認や、ウォーミングアップの段階で前日との比較もしなければならない。恐怖心を持っていることで逆に本来の自分が見えてきます」

恐怖心と不安は似ている。

これらを除外するのではなく、むしろ「一緒に付き合っていくもの」と寺内は捉える。

だから恐怖心や不安が増大したところでバタつかない。「内観」の日常があるから、むし

ろその元にあるものは何か、やわらげるものは何かを的確に探し出せる。

恐怖心や不安は、極度の集中（ゾーン）を呼び込むものでもある。

あのときもそうだった。

２００１年、福岡で開催された世界選手権。ひざ痛で練習ができないまま臨んだ３ｍ飛板飛込で彼は日本人初のメダルとなる銅メダルを獲得したのだ。

寺内は言う。

「結局積み重ねてやってきても、いろんな状況の変化に対応するにはアドリブ力が必要なんです。ようは無心で体がオートマチックに動かなければ最高の演技ってできない。言わばその力をつけるための練習でもあります。あのときも開き直りから、ああいったパフォーマンスが出せた。

（近年も）何回かゾーンに入ったなと思えたことはあるんですけど、決まって試合前日の状態が良くなかったとき。むしろ前日に調子いいと不安になってきます（笑）。明日はやるしかないって、いい意味で開き直ったときにゾーンに入ることができている。ただ、（２００１年の世界選手権のパフォーマンスを）なかなか超えられないというジレンマはずっとあります。いまのほうが技術は上。もう1個突き詰めた集中力が必要なのかなとは思っています」

恐怖心や不安の反動で極度の集中を得るのではなく、自然とその状態に入っていくために――。日常生活、ルーティンにこだわり、人間力を高めていくのもその一環だ。

極度の集中に入ることを、彼は「スイッチ」と表現する。優勝して東京オリンピック切符をもぎ取ったアジアカップはその成功体験とも言っていい。

〝飛び込み道〟に邁進する姿をこうやって記すと周りからすれば息苦しい日々だと思われるかもしれない。

しかし競技に打ち込む一方で、競技を離れてリラックスすることも彼は忘れない。特に身に着けるものに人一倍のこだわりを持ち、試合前の集中を呼ぶ音楽はプライベートでは最も気持ちを解放してくれるものになる。

「ファッションと音楽が大事」と打ち明ける。

「ファッションや音楽は自分にとって生きがいって言うんですかね。一瞬でも競技を忘れられる時間になっている。でも自分のなかに取り込んでいくと〝また練習頑張ろう〟って思えるんです。競技のほかにも自分の居場所があるというのは、すごくエネルギーにもなる」

趣味を通じて知り合った仲間も大勢いる。彼らの応援が励みにもなっているという。

彼が大切にする「生きがい」。

それはすなわち人が生きていくための張り合い。

39歳のアスリート、寺内健は〝いまが旬〟である。

一瞬の勝負に向かう「生きざま」と「生きがい」が、こんなにも太く結びついているのだから。

組織で仕事をする難しさと楽しさを知ったサラリーマン生活

ちょっとした遠回り。

飛び込み界の第一人者である寺内は4大会連続のオリンピック出場となった2008年の北京を最後に一度引退を表明している。大手スポーツメーカーに就職し、サラリーマンになる道を選んだのだ。

社会に出てバリバリ働きたい、とずっと考えていた。28歳になってこのタイミングを逃がしたら〝転身〟は難しくなってしまう。

「1年のほとんどを競技に費やす生活をずっと送ってきました。どうしても一般社会で生きている感じがしなくて、一緒に練習をしていた仲間たちが次々、社会に出て働いていることに憧れもあって……。一般社会を知らないことはコンプレックスに近かったし、生産していく社会の一員になりたいと思ってサラリーマンになろう、と」

新鮮な毎日だった。

デスクワークはもちろんのこと、競技に関わる企画や営業に携わった。覚えること、勉強しなきゃいけないことはヤマほどあった。だが「スポーツのように目標を設定して知識と情熱を持って取り組んでいく」ことで「やっていけるな」という実感を持てた。

競技は自分にフォーカスすれば良かったものの、サラリーマン業は組織に目を向けなければならない。チームプレー、チームビルディングとは何かを学び、組織で仕事をこなしていく楽しさも難しさも実感していく。気がつけばあれだけ毎日やっていた飛び込みにも目を向けなくなり、スポーツで体を動かすことも少なくなっていった。

「仕事の付き合いで酒席に顔を出したりもしていたので、食べ物とかも特に気をつけなかったですね。ただ、スポーツメーカーだったので食堂のランチはヘルシーなメニューが多かった。イベントで水着にならなきゃいけないときは、少し前からちょっと気にするくらいでした」

競技を離れて１年半が経っていた。

イベントに参加して久しぶりに飛び込み競技をやったときに、ちょっとした驚きを感じた。予想以上に体が動き、「体をつくり上げていったらもっと良くなるかも」という思いが生まれたのだ。仕事で出向いた２０１０年４月の日本選手権では友人の北島康介に声を掛けられた。

「戻ってこないの？　一緒にやろうよ」

グサリと胸に刺さるのが分かった。自分で引退を決め、「骨を埋める気」で入社した気持ちに偽りはなかった。だが心のなかに何かがうごめいていた。

悩んだ。ずっと悩み続けた。うごめいていたのは、復帰への思いだとはっきりと認識したとき、その複雑な感情を上司や同僚に打ち明けることにした。

「そう思ったら、競技をやるべきだ」「いや、仕事を続けたほうがいい」

いろんな言葉をもらった。真剣なアドバイスをもらえたことが何よりもうれしかった。あとは自分で決めるしかなかった。時間が経ち、「一歩引いて」飛び込み競技を見ていくうちに、やり切ったと思っていた感情に変化が生じていた。

「やめる前に感じていた競技に向ける１００の大きさと、そのとき感じた１００の大きさがそもそも違っていたように思いました。簡単に言えば、北京オリンピックまでの１００ってそもそもそんなに大きくなかったんじゃないか。いま見えている１００を埋めていけばもっと大きなものになるんじゃないのか、と。10年後に決断しても遅い。いまなら間に合うかもしれないって」

膨らむ復帰への思いを、もはや抑えることはできなくなっていた。決断を尊重してくれた会社には感謝しかなかった。2010年8月、彼は現役復帰を正式に表明した。12年のロンドンオリンピックが目標となった。

小5で単身4カ月半過ごした上海合宿で、飛び込みの魅力を知った

30歳からのリスタート。

生半可な気持ちでやってしまったら、アイツ何やってんだとなる。ブランクもある。結果を出せなかったら冷たい視線を浴びるかもしれない。イバラの道になることは承知のうえで、彼は飛び込みの世界に戻ってきた。

練習拠点は、再び地元の宝塚に。フィットネスクラブに一般会員として入り、筋力トレーニングに励むことから始めた。収入がなくなったため、祖母の家に転がりこんだ。ハングリーな気持ちを呼び起こしていく。そして子どものころからずっと指導してくれた馬淵崇英コーチに「自分を見てほしい」と頭を下げてお願いした。

「新しいスタートを切るにあたって、違うコーチのもとで練習するとか、いままでやらなかったことをやるとか、そういう考えもあるのかもしれません。でもぼくは、やっぱり評価してもらうのは崇英コーチしか考えられなかった。復帰するにあたって最後にコーチに

言うつもりだったんですけど、どこからか耳に入っていたようで『オレに何か言うことないんか？』とどこかうれしそうに聞いてくるんです。復帰を伝えたら、すごく喜んでくれました。もう一度、一緒にメダルを目指して頑張ろう、と」

原点に戻る必要性を感じたのかもしれない。

競技を始めたころは、やらされている感覚だった。「競泳よりも楽しそう」と思っていたのに、小5から毎日11時間の猛練習。始めて数カ月後には、「地獄の」中国・上海合宿に連れていかれた。早朝5時からのダッシュを皮切りに11時間以上の練習がずっと続いた。崇英コーチの指導は鬼のように厳しく、顔を見ることも嫌だった。当初3カ月半の予定が、1カ月延びることになった。それも崇英コーチが先に帰国するため、一人で過ごさなければならなかった。現地のコーチも「健がかわいそう」と同情してくれた。だが崇英コーチの目を気にしなくなったことで、逆に飛び込みの、競技そのものの魅力を感じたという。

「最後の1カ月で〝あっ、飛び込みってこういうものなんだな〟って自分で気づいたところがあって、一緒に練習している同世代の子との触れ合いを通じて学ぶ点もありました。ぼくは元々、忍耐強いタイプじゃないんです。だから逃げ場のない上海に連れていかれたと思うんです。あとで聞いたら、基本的な技術を徹底して叩き込み、素晴らしい中国の飛び込みを見せるという意図だったそうです。崇英コーチには感謝しかないですよ」

小さいころ、コーチから褒められたことは一度もない。叱られてばかり。めちゃくちゃ叱られた後に、買ってもらったパンが美味しかったという思い出がいまも心に残っている。熱意も、愛情も感じた。だからこそこの人についていこうと思えた。アトランタから北京まで４大会連続で出場できたのも崇英コーチを信頼してやってきたからこそ。

「基本動作を叩き込まれて飛び込みの魅力を知った、あの最初の４カ月半の合宿があったから、２年間のブランクがあってもすぐに感覚を取り戻すことができたんです。ただ当時に戻りたいかと聞かれたら、絶対に嫌ですけど（笑）」

復帰後は、コーチと２人で一緒につくっていく本当の意味を理解した

二人三脚でずっと続くことになる崇英コーチとの師弟関係。あるとき寺内はこう言われたという。

「自分がやっていた時代よりはるかに難易度の高い技を成功させていくには、何よりお前の力が必要なんだ。俺の力だけでは無理なんだ」

コーチ頼みじゃなく、あくまで２人で一緒につくっていく感覚。その本当の意味を理解できたのは、一度競技を離れて俯瞰して競技と自分を見ることができたからなのかもしれ

ない。外の立場になってスポーツの社会的な価値も分かった。そして何より自分自身、勝手にピークを設定していた愚かさを知った。中の世界にいたら分からなかった。遠回りじゃなく、自分にとっては必要な道だったと心の底から思えた。

「20歳のときは24歳くらいがピークだと思って、24歳のときはいや28歳くらいと思っていました。振り返ってみると、北京オリンピックで無理やりピークをつくろうと決めつけていただけ。上を目指していけば、ピークなんてどんどん上がっていくもんなんです。あのときぼくは勝手にその天井をつくってしまった。

もし北京で辞めないで続けていたらそこに気づけなかったかもしれない。ロンドンオリンピックに出ても、本当の意味でメダルを獲るってことに向き合えていなかったかもしれない。だから2年間のブランクは遠回りではなかったんです。飛び込み道を邁進していくには、むしろ一番の近道であったようにも感じるのです」

競技だけに専念してきた自分の１００と、サラリーマン生活を経て戻ってきて感じた自分の１００。伸びしろと価値の再認識が、その１００の許容量を大きく広げていた。

嫌になるほど毎日やってきたはずの飛び込みが、新鮮に、刺激的に映る。

天井はいらない。

遠回りしたことによって、寺内は自己リニューアルを実現したのである。

この言葉に救われた。

苦境にあるとき、周りにいる人の何気ない一言が励みになったという経験は誰しもあるに違いない。

リオの失意から救ってくれた、尊敬する先輩・野村忠宏の愛ある一言

寺内にもある。復帰後初めてのオリンピックとなった２０１６年のリオデジャネイロ大会。北京以来８年ぶりの大舞台は、心も体も充実した状態で大会に入ることができた。

しかしながら――。男子３m飛板飛込予選。強風のなかで２回目の演技が乱れてしまい、大きな水しぶきを上げてしまった。これが大きく響いた形となり、５大会目にして初めて上位18位に入れずに予選敗退に終わった。

そのショックは非常に大きく、失意に暮れるしかなかった。風のタイミングをうまく測れず、ミスを起こしてしまったのだから。

気持ちを整理できないままミックスゾーンと呼ばれる取材エリアを通った際、馴染みのある顔が見えた。柔道60kg級でオリンピック３連覇を果たした野村忠宏であった。寺内はスポーツメーカーのサラリーマン生活を捨てて現役復帰し、２０１１年１月から野村と同

じミキハウスに所属。そのときから親交を深め、一緒に食事をする機会も多くなっていた。ロンドンオリンピックの出場を逃がしていただけに、リオに懸ける思いは野村にも伝わっていた。決勝には来ると聞いていたが、まさか予選から見てくれているとは思ってもみなかった。

「おい、次頑張れよ。次目指すんやろ？」

次……？

茫然自失の谷底から、引き上げられた気がした。

「〝はっ〟としたんです。オレ、まだ次があるんだ、と。4年後は40歳になる年だけど、目指していいんだ、と。現役を続けていることの意味、幸せを実感できたというか、野村先輩の一言で気づかされました」

この瞬間から、「次」の目標は東京オリンピックに切り替わった。逡巡することなくすぐに前を向かせてくれた野村の言葉に感謝した。

飛び込みと柔道。競技は違うが、勝負に生きるアスリートとして6歳年上の野村は深く尊敬する存在である。野村の何気ない言葉がいつも胸に突き刺さった。

「リオのときのように野村先輩から面と向かって何かを言われたことって実はあんまりないんです。でも、間接的にはいろいろあって。たとえば野村さんと一緒に会食する場があるとするじゃないですか。ある方が『こちらはオリンピックで３連覇の〜』と一緒にいる方に紹介しようとすると、野村さんは『いやいや、寺内はここまで5回もオリンピックに出ていてすごいんです』とぼくのほうに関心を向かせるんです。『でもメダルはゼロですけど』のオチをつけて（笑）。でもぼくはそれがうれしいし、逆にありがたい」

知名度は野村のほうが断然上。競技の知名度というよりも、やはりオリンピック３連覇の実績がモノを言うと感じた。〝メダルを獲れば、人生も変わるぞ〟と言ってくれているエールのように寺内は受け取った。

重みのある野村の一言。

今回もそうだった。２０１９年7月、韓国で開催された世界選手権。寺内はまず男子シンクロナイズドダイビング３ｍ飛板飛込で「東京オリンピック内定」をつかんだ。野村に掛けられた言葉がズシリと響いたという。

「頑張れるのはあと1年やぞ！」

寺内はその意味をこう解釈している。

「おそらく来年の東京オリンピックが終わったら、40歳になる年齢を考えたときに引退のところは決めなくても、一つの転機になることは間違いない。これからの1年はそういう時間になる。〝あと1年頑張れ〟と言わないところに意味があるんじゃないかって思うんです。すべて分かってくれたうえで言葉をくれる。本当に野村先輩のことは一人の人間として尊敬しています」

〝あと1年頑張れ〟だと、引退が前提にあるようにも聞こえる。確かに〝頑張れるのはあと1年〟ではニュアンスが異なる。オリンピックはもちろん大きな目標なのだが、飛び込み道を究める、競技の知名度を上げる、後輩たちにその姿勢を見せるなどという自分の思いを、汲んでくれているからこその言葉であった。

親友・北島康介の、「すごいよ」を糧に東京オリンピックに挑む！

予選敗退に終わったリオオリンピック。実は取材エリアに顔を出してくれたのは野村だけではなかった。もう一人、親友の北島康介がいた。

日本競泳界初のオリンピック3大会連続メダルという偉業を達成した北島はリオに出場できず、引退を表明したばかりだった。北島に声を掛けられ「泣きそうになった」と振り返る。

2つ年下だが、なぜだかウマが合う。親友であり、同志。サラリーマン生活に区切りをつけて、現役復帰を本気で考え始めたのも北島から掛けられた「戻ってこないの？　一緒にやろうよ」の一言がきっかけだった。

「康介はフランクに付き合ってくれるのでうれしいですよ。ぼくより後にオリンピックに出て、金メダルを２大会連続で獲って、ロンドンでもメドレーで銀を獲ってぼくより先に引退して……。野村さんと同じように、彼に対してもリスペクトがあります。２人がいるから金メダルを目指したいっていう思いがあるんです。リオの取材エリアで２人が来てくれて、自分の信じた道がウソではなかったんだなと思うことができた。予選落ちという結果に対して〝応援してくれている人がどう思うんだろう？〟と不安な気持ちがあったんです。でも２人から声を掛けられて、次を目指そうと思えた。康介にも感謝しかないです」

　東京オリンピック内定を受け、北島からも言葉をもらった。

「健ちゃん、すごいよ。頑張りなよ」

　金メダリストのレジェンドに「すごい」と言われることが、どれほど励みになることか。この一言も、高いモチベーションを呼び込んだ。

　受けた言葉を己のパワーとして変換する。

　どう受け止めるか、どう感じるかはあくまで本人次第。サラッと受け流してしまえば、心には残らない。

　１・６秒しかない演技を完璧にこなすために、彼は日常に、生きざまにこだわる。野村や北島のちょっとした言葉からも、求道のヒントを見つけようとする。だから受け流さない、しっかりと心に留めることができる。

人の言葉を大切にする寺内は、人を大切にする人でもある。

野村、北島ばかりでなく、小学5年からずっと教えてもらっている馬淵崇英コーチ、そして長く務めてくれた練習パートナーの親友……絆の深い人間関係を築くことができるのも、彼の誠実な人間性ゆえ。感謝の気持ちを忘れず、礼を欠かさず、人の思いを感じ取ろうとする。

寺内はこう強調する。

「結局、選手って自分一人じゃ強くなれないし、うまくなれない。いろんな方のサポートがあって、選手としてやれているんです」

支えてくれる人がいるから、喜んでもらいたいという思いが強くなる。

あのリオがあったから、この東京がある。

取材エリアできっと今度は笑顔の2人が待っている。その理想を現実とするために——。

39歳にして、シンクロ、ソロの2種目で東京オリンピックに出場決定！

偉大な記録である。

飛び込み界の第一人者・寺内は２０２０年の東京オリンピックで、日本人最多タイとなる6度目の夏季オリンピック出場を果たすことになる。単純計算、24年にわたってこの大舞台に立ち続けている。今回、坂井とのペアでシンクロ３ｍ飛板飛込の「内定」をつかみ、個人ではアジアカップの３ｍ飛板飛込で優勝して出場を決めた。39歳、その勢いはとどまることを知らない。

モチベーションは、メダルだ。

ここまで5大会、表彰台は一度もない。ザッと記録を振り返ってみたい。

高1で臨んだアトランタは高飛込10位、4年後のシドニーは高飛込5位（日本人最高位）、３ｍ飛板飛込8位といずれも入賞した。翌年の世界選手権では日本人初となる銅メダル獲得（３ｍ飛板飛込）によってアテネへの期待が高まったものの、シドニー以上の成績を収められなかった。4年後の北京も３ｍ飛板飛込で11位止まり。引退から復帰して2大会ぶりに出場したリオは決勝に進めなかった。次の東京は、鉄人・寺内にとって6度目の正直となる。

意識自体、引退前と復帰後では違っていると寺内は言う。

「飛び込みを好きだったかどうかと聞かれると、北京までの10年くらいはハッキリと好きとは言えなかった。使命感みたいなものが強くて、それを降ろしたときに一気に気持ちがなくなって競技をやめたんです。飛び込みの魅力を感じながら全うしたいという思いが出てきて、それを持って臨めばメダルが見えてくるかもしれないと思ったんです」

使命感は自分の力を引き出す一方で、自分を追い詰めることで視野を狭めてしまう。逆に使命感に縛られてしまったことが〝伸び悩み〟の要因を引き込んでしまった。

最初に立ったアトランタオリンピックの舞台は、寺内少年の目に輝いて映った。選手村のマクドナルドは無料で、ゲームセンターも無料で遊べたとか。競技にフォーカスするよりは、参加できるだけで毎日が楽しかった。

まだ16歳の高1。寺内いわく「子どもでしたね」とちょっと苦笑いを浮かべる。

「テレビを通してしか見ていなかった世界が現実になったわけですからね。アトランタに関しては出場しただけで目標が達成された感覚でした。練習では（馬淵）崇英コーチに怒られながらやっていて、何とか決勝には行けました。でも決勝でどう戦おうなんていう考えまでは至らなかった。ただ、一度経験できたので次回のオリンピックではこうしたいなって思えたことは良かったと思います」

オリンピックにまた出たい。今度はもっといい結果を残したい。いや、頑張れば絶対に残せるんじゃないかという確信もあったという。

期待され、強く意識もしたアテネ、北京では届かなかったメダル……

「実はアトランタでは競技の３日前から39度台の高熱が出ていたんです。その状態で決勝に行けたので、万全だったら入賞はいけるんじゃないか、と。実際シドニーでは5位入賞で、あと２人抜かせばメダルというところまできた。でもここからつらくなっていきました。メダルが近くにあるはずなのに、どうしてこんなに遠いのかって……」

追い込めば追い込むほど、きっとメダルは近づいてくると考えた。

メダル獲得が期待された２００４年のアテネ、３ｍ飛板飛込決勝。

ここで寺内は初めての経験をする。彼はひと呼吸置いて、言葉を吐き出すように言った。

「あのとき、頭の中が真っ白になってしまったんです」

３度目のオリンピック、日本人エースの背中にのしかかっていた重圧。明らかに心身のバランスが崩れていたことに、あとになって気づかされる。

「アテネは、その年までの国際大会で結果を出していたし、金メダル候補にも勝っていました。今やっていることに間違いはない。そう思っていたのに、頭が真っ白になって倒れそうになった。やってきたことをしっかり証明しなきゃと自分に課してきたことが、結局、積み上げてきた自信までなくしてしまう精神状態に追いやっていた。8位入賞というと聞こえはいいかもしれません。でもなぜメダルが獲れないんだ、という思いだけが募りました」

覚悟が甘い、背負い切れていない。彼はそう決めつける。そして「メダルを獲るための覚悟も引退も背負うことにした」。

北京でも届かなかった。

その理由は、復帰してから理解できることになる。「メダルを獲れるだけの精神力を養えていない」ということ。サラリーマン生活を経て、外から競技を見て、知って、自分を見つめ直して。それでも苦しんでロンドンには間に合わず、リオでは予選敗退に終わった。すべてを経験して、いまようやくメダルに向き合える真の力を手にしつつある。

追い込んで得るものではなかった。日常からこだわり、真摯に向き合い、応援される力も借りる。どこかリラックスして、どこか楽しんで。競技できることに感謝して。重すぎる使命感よりも重すぎない充足感が、己の精神力を強くした。

いろんな景色を見てきたことこそ、他の選手にない寺内だけの強み

「東京オリンピック」内定をつかんだシンクロは正式種目となったシドニー大会以降、日

本勢にとって初めての出場となる。採点は技の完成度よりも２人の同調性のほうがウエートを占める。「ここが難しい」と寺内は語る。

「無理に合わそうとすればするほど不思議と合わないんです。パフォーマンスもそれぞれ違うし、コンディションだって違う。練習すればうまくできるというものでもない。やっぱり一番は、パートナー、パートナーとの信頼関係。ここに尽きると思います」

寺内のパートナー、坂井は一回り下だが、呼吸はピッタリ。同じミキハウスの所属で、２０１８年のアジア大会では銅メダルを獲得した。信頼関係を大切にするために、２人が決めた〝ルール〟があるという。

「練習中以外で競技のことは話さないようにしているんです。そうやってしまうとお互いにストレスを感じてしまうと思うので。シンクロって、言葉ですり合わせようとしても机上の空論になるし、結局は練習で試してみないと分からないところがある。合わせるんじゃなくて、結局は重なっていかなきゃいけない。お互いにストレスを感じたら、信頼関係にちょっと影響が出たりするかもしれないじゃないですか。だから競技のことをしゃべりたかったら、練習中に話をすればいい」

不安があったら、きっと練習以外でも確認したくなるもの。しかしそうしてしまえば無理に追い込むことにもつながる。「重なるため」に余計なものをそぎ落としていくのも、キャリアの成せる業なのかもしれない。

メダルは手に届くところにあると感じている。

「このシンクロは世界ランク1位の中国がちょっと飛び抜けている感はありますが、2位以下の15組くらいは大きな差がありません。世界選手権で7位になって、自分たちが進んできた道のりは間違っていないと確信を持つことができました。オリンピックのメダルを意識して15年くらい経ちますけど、今回の東京が最も近いような気がしています。そこまで来ているんだという実感はありますね」

だが気負いすぎていないところに、寺内の「いま」を見ることができる。無理やり背負い込んできて自分が見えなくなった経験があるだけに、常に心のなかの許容量を空けておくことを意識しているようにも感じる。

しかし無理やり許容量を空けようとしたら意味がない。

自然に、必然に、広げるやり方を寺内は知っている。彼は「景色」と表現する。

「飛び込みに取り組んでいる選手のなかで、ぼくにある強みっていろんな景色を見てきたことなんです。オリンピックの経験も、サラリーマンの生活も、趣味や支えてくれるいろんな人との出会いも……。この年になるまでに得たものがすごく多くて、いろんな景色を見てきた強みをぼく自身、いま、すごく感じているんです。競技も楽しいし、競技以外も楽しい。いろんな景色を見てきたからこそ、こうやって競技をやれているのが〝幸せだな〟って思えるんです」

景観に色があって「景色」となる。

寺内の人生は思いどおりの色だけで塗られてきたわけじゃない。思いがけない色もあったろう。塗りたくない色もあったろう。まわりの人が塗ってくれた色もある。それが全体の色になったとき、味のある景色が彼を待っていた。

東京オリンピックでは一体、どんな景色が待っているのだろうか。

重圧は要らない。視野を狭める必要もない。

ワクワクとドキドキ。

楽しもうとする充足が、見たことのない景色を寺内健にもたらしてくれるような気がしている——。

（取材日時／２０１９年８月28日・宝塚ホテル）

07 鉄人の思考法 寺内 健

PROFILE

てらうち・けん●1980年8月7日生まれ、兵庫県宝塚市出身。ミキハウス所属の飛び込み選手。94年、中2で日本選手権、高飛込で史上最年少（当時）初優勝。96年、高1のアトランタオリンピックで五輪初出場。2000年、シドニーオリンピックでは、高飛込で5位、3m飛板飛込で8位入賞。01年、世界選手権の3m飛板飛込で銅メダル、04年ワールドGPカナダ大会で国際大会初優勝。アテネ、北京出場を経て09年、現役引退。サラリーマン生活を経て、11年復帰。20年の東京五輪で、夏季日本人最多となる６度目の出場を果たす。

after that

その後の寺内 健――

寺内健はいまもなお優秀な〝営業マン〟である。

飛び込み競技を売り込むために、39歳の第一人者は可能な限りＰＲ活動に参加している。

２０１９年11月10日、スポーツ紙のＷＥＢサイトにこんな記事の見出しが貼り付けられていた。

「寺内健が高層ビルの階段と格闘」

ふむふむ、ちょっと面白そうだ。記事の内容はこうである。彼は大阪・阿倍野の「あべのハルカス」で催された「ハルカススカイラン２０１９」にゲスト選手として参加。地上60階まで１６１０段の階段を、走ってのぼったという。「東京オリンピックでは一番上までのぼり詰めたい」とちゃんと記事になりやすいように〝金メダル宣言〟のコメントまでしている。

飛び込み競技にちょっとでも関心を持ってもらえるように、という彼の思いが透けて見えてくる。

『鉄人の思考法』のインタビューでこう語っていた。

「高校生でアトランタオリンピックに出たときに、いかに飛び込み競技の認知度が低いのかって実感したんです。テレビ、雑誌、新聞などメディアに取り上げてもらって『いろんな人に競技のこと、自分のことを知ってもらえる』と思うわけです。でもそれって一瞬に過ぎないじゃないですか。言わば錯覚。世間の人が関心を持つまでにはならない。逆に競泳のほうはすごくスポットライトが当たっていて、飛び込み競技とは全然、注目度も違う。ぼくのなかではずっとコンプレックスを抱えていました」

１・６秒で勝負する、この美しく素晴らしい競技をもっと知ってもらいたい。

２０１９年９月、同じＪＳＳ宝塚に拠点を置く13歳の玉井陸斗が日本選手権で優勝し、寺内の持っていた最年少記録を塗り替えた。〝超新星〟の中学生に注目が集まり、飛び込み競技全体に光が当たることになった。しかしそれでヨシとしてしまって、またこれを「錯覚」で終わらせてはいけない。競技を最優先しながらもＰＲを忘れてはいけない。

寺内は筆者にも飛び込みの魅力を分かりやすく伝えてくれた。一つひとつの言葉に熱があった。飛び込み競技が心の底から好きなんだな、と思えた。

彼が服装に人一倍気を配るのも、単に「オシャレ」だからじゃない。「飛び込みアスリート」のイメージを上げていく意味もある。

一番のＰＲは、やはりオリンピックの舞台で表彰台に立つこと。無論、優秀な〝営業マン〟はそのつもりだろう。

中村憲剛

Nakamura Kengo

特別対談

「1980年生まれのぼくらは。」

Special Talk

又吉直樹

Matayoshi Naoki

サッカーとお笑いと読書——そんな共通項を持ち、
互いにそのキャリアと考えをリスペクトする仲。
同級生だからこそ通じ合える楽しいトーク。
そこにも私たちの学びになる思考法があった。

またよし・なおき●1980年6月２日生まれ、大阪府出身。お笑いコンビ「ピース」のボケ担当。作家。小学３年生からサッカーをはじめ、北陽高校サッカー部時代には、左のウィングバックでインターハイにも出場。99年、NSC東京校の５期生として入学し、2003年に「ピース」を結成。15年、初の小説『火花』で第153回芥川賞受賞。その他の著書に、小説『劇場』『人間』、エッセイに『第2図書係補佐』『東京百景』『夜を乗り越える』などがある。

――同じ１９８０年生まれ。交流はいつからですか？

中村　確か、あるサッカー雑誌の対談が初めてでしたよね？　２０１６年かな。

又吉　そうです。自由が丘のカフェでしたよね。

中村　なぜかぼく、会うまで又吉さんが一つ年上だと勘違いしていたんですよね。

又吉　そう言われてました（笑）。

中村　サッカーをやっていたのは知っていたので、勝手に親近感を抱いていたんですよ。「ピース」での芸人としての活躍、小説『火花』で芥川賞を受賞された小説家としての活躍……又吉さんってどんな人なんだろうって単純に興味があった。

又吉　元々、憲剛さんと同い年で、ずっと活躍を見てきましたし、やっぱり個人的に好きなタイプの選手なんです。何が好きかって、永遠のサッカー少年みたいに楽しそうにプレーしているのが伝わってくるところ。

――ちなみに又吉さんはどんなタイプのプレーヤーだったんですか？

又吉　憲剛さんとはタイプが違ってましたね。まわりが見て〝アイツ楽しそうやな〟っていう感じは一切ないんですよ。逆に〝苦しいんやったらやめろや〟みたいな。

中村　ハハハ。

又吉　だから楽しそうにしているプレーヤーに憧れるんでしょうね。憲剛さんは単純に楽しそうっていうだけじゃなくて、いつも観ている試合でムチャクチャ効いてて。代表戦でも〝ここに憲剛さんがおってくれたらな〟と感じたことが何度もありました。

中村　そう言ってもらえるだけでうれしい（笑）。その対談で連絡先を交換させてもらって２０１８年シーズンの後にようやく一緒に食事をして、いろんな話を聞かせてもらったんですよ。

又吉　〝視点〟の話も面白かったですね。憲剛さんはプレーしている際、どんな風にみんなが見えているのかなってすごく興味があった。小説を書いていても、割と主人公の視点で物語は進んでいくんですけど、書いている側としてはその視点と、俯瞰で見ている視点があるので。憲剛さんみたいなプレースタイルの方やと、どんなふうに見えてんのかなっていうのを、質問魔みたいに。

中村　いろいろ考えが共通していたから、すごく勉強になった。よく「ピッチの上から見ている感覚なんでしょ?」と聞かれますけど、実際、目はここにあるから不可能じゃないですか。でも、普段サッカーを観ている風景を自分の脳内の引き出しにため込んで、プレーの予測であったり、フロンターレの選手の動きのクセであったり、相手とのシステム上のかみ合わせであったり……すべてを頭に入れてプレーしているつもりなので、上から見えているように思われているのかな、と。

又吉　うんうん。

中村　視点の話で言えば、大事なのは（まわりを）見る時間をつくること。ボールをしっかり止めるっていう技術的なところができていれば、その分単純に長く見ることができる。止められずにあたふたしていたら、見る時間がそがれてしまうので。

又吉　確かに技術は大事になってきますよね。

中村　トラップしてパッと周囲を見るときに、一番遠いところから見る訓練は中学、高校くらいからやってましたね。遠くが見えていれば自動的に近くも見えるようになるんです。

又吉　自分の人生に置き換えてみても、たとえば、いまある締め切りをこなし続けていると、長期的な打開策にはなってないんですよね。1回ちゃんと止めて、全体を見て最適な方法を探すっていうのが必要なんですけど、あせり過ぎているときはそれができていないなあ。

中村　なるほど（笑）。

又吉　ぼくももうちょい、ちゃんとトラップしようと思います（笑）。

中村　お笑いとサッカーの思考に共通性があるって聞いた話も心に残っています。

又吉　やっぱり高3までサッカーをやっていたんで、サッカー的に考えることって多いんですよね。

中村　自分の役割ってところ、ですよね。

又吉　そうなんです。サッカーにもお笑いにもフォーメーションがあって、自分はどういうポジショニングを取るべきかって、無意識的に考えてしまうんですよ。ぼくは北陽高校（現・関西大学北陽高校）サッカー部時代、ウイングバックをやっていまして。大阪選抜で韓国遠征に連れて行ってもらったときは最初だけ中盤の真ん中をやらせてもらいましたけど、「コミュニケーション能力低いな」って評価されて最後はサイド。だからお笑いでも基本的にはサイドに張っています。

中村　うん。突如、ゴール前に侵入してきて点を獲っていくタイプに見えます！

厳しい上下関係や水分補給もちょうど変わった世代

――1980年生まれの人は、小学生になってもJリーグが始まっているわけでもなく、まだまだ野球世代だとは思うのですが。

又吉　野球は小1のときにやりたいなって思っていたんですよ。でもグローブとかバットとか用具に何となくお金がかかるなと感じたし、試合のたびに親が車を出さなアカンとか、そういうのもあってちょっと難しいなって。やりやすかったというのもあって小3からサッカーを始めたんです。あと、姉に「サッカー部のほうがモテるで」と言われたのも大きかった。

中村　サッカー部、モテたかなあ（笑）。

又吉　最初、ボールを持っていなかったんですよ。自分だけ学校のボールを借りて。あのゴム製のよく跳ねるヤツ。自分のだけ跳ねまくるから恥ずかしくなって練習に行かなくなったんですよ。

中村　聞きましたよ、そのいい話。マラドーナですよね！

又吉　そうなんです。そのとき、ワールドカップでアルゼンチンのマラドーナが活躍している映像を見て、また練習に行きだしたんです。

中村　マラドーナに影響を受けたっていうのは、まさに僕も一緒なので。

又吉　僕、右利きやったんですけど、マラドーナを見て左利きになろう、と。練習でもずっと左で蹴るんで、友達や先輩から「右で蹴れや」ってよう言われてました。右でもへたやのに、左なんでとんでもないほうに飛んでいって。でもみんなから言われるのを無視して左で蹴り続けていたら、できるようになったんです。

中村　ぼくもマラドーナをずっと見てて。５人抜きをやった１９８６年のメキシコワールドカップはもうスーパーでしたよね。当時、自分も又吉さんも６歳くらいだからリアルタイムではないけど、何年か後に出たビデオは擦り切れるまで見た。でも左利きまではチャレンジしなかったな（笑）。

又吉　土日の試合前とか、朝に絶対、マラドーナのビデオを見て、気持ちを高めて……。

中村　イメージを持って、ですね。

又吉　でも重心の低さしか真似できない。

中村　ハハハ。

――マラドーナ以外にも昔からお笑いが好きだっ

「自分はどういうポジションを取るべきか無意識的に考える。」

たと聞いています。憲剛さんのご出身、久留米高校の先輩にはあの志村けんさんがいます。

中村　残念ながら1回もお会いしたことないんですけどね。僕らの時代で好きだった人は……。

又吉　ダウンタウンさんとか、ウッチャンナンチャンさんとか。

中村　そうそう。あと、とんねるずさんはドンピシャの世代でしょうね。僕はもう当時、サッカーかお笑いかっていう毎日でしたよ。

又吉　木梨（憲武）さんと田口（光久）さんのPK対決とか。

中村　「生ダラ」ですよね。観てた観てた！　あ

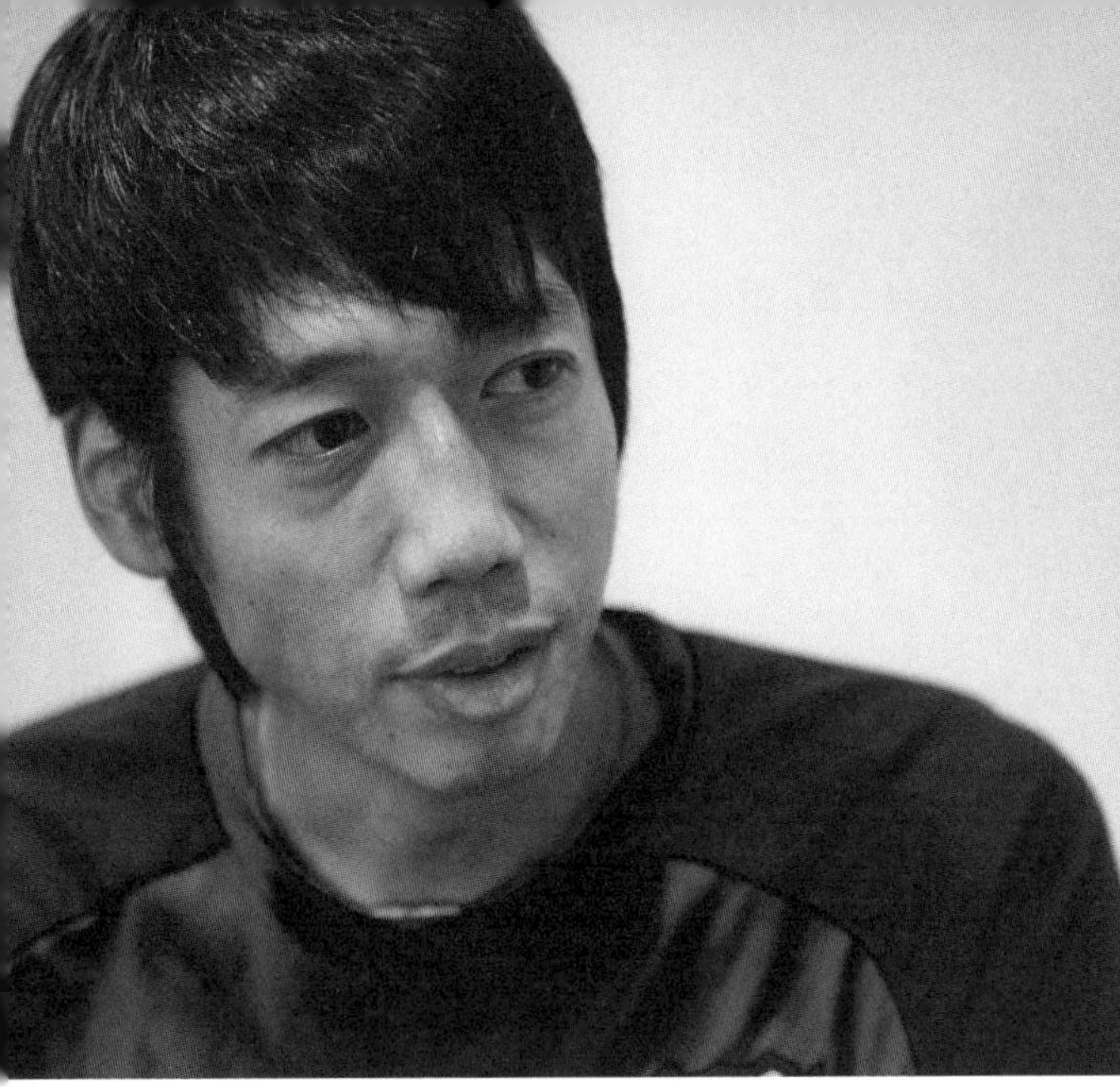

「読書がサッカー選手の自分に厚みをもたらしてくれている。」

と「みなさんのおかげです」とか。でも大阪って、やっぱり昔からお笑い番組多かったんですよね？

又吉　大阪に住んでいると、大阪でしか流れていない番組があることが分からないんですよ。全国に流れているとばかり思ってましたけど。

中村　今、試合で大阪に行くじゃないですか。テレビをつけるとどのチャンネルでも大阪のお笑い番組をやっているんで「アウェーに来たな」って感じはいつもしています（笑）。

——高校サッカー部時代の話題に移っていきたいと思います。のちにお笑い芸人になる又吉さんが大阪の強豪・北陽高の出身で、Ｊリーグを代表する選手となる憲剛さんが東京の強豪校とは言えない久留米高出身。ここが非常に面白い。

中村　北陽はぼくらの時代、強かったですよ。

又吉　去年（２０１８年）、17年ぶりにインターハイに出て結構な大騒ぎになっていましたね。

中村　又吉さんは大阪選抜でもありましたよね。ぼくは自分で言うのも何ですけど、パッとしない選手で国体メンバーとか無理で。高校からプロを目指せるような選手じゃなかった。

又吉　ずっと中盤ですか？

中村　もうずっと。背が小さかったし、中盤しかできなかったんです。

――まだ部活は上下関係の厳しい時代ですか？

又吉　憲剛さんどうでした？

中村　ぼくらより上の世代は結構厳しそうだったけど、自分たちの世代を境に徐々にそういうのもなくなっていったんじゃないかな。

又吉　そうですね。ぼくらは割と厳しめというか。でもそれこそ上の世代はムチャクチャ厳しかったみたいですよ。練習もかなりきつくて、走って、筋トレして、水飲まないみたいな（笑）。

中村　確かに水分補給もぼくらが変わり目ですよね。小学校のときはダメで、高校入ったころから新しい科学的なアプローチが入ってきて、筋トレの後にプロテインとか飲んでましたもん。

又吉　サッカー雑誌にも「水を飲んだほうがいい」って書いてたんです。ぼくら世代がつらかったのは、伝統を重んじる高校やったんで情報では飲んだほうがいいのがわかっているのに、飲めない。だから5年前の先輩のほうが〝水飲まないことで成長する〟って信じていましたから、そっちのほうがいいのかなって。

中村　なまじ情報が入ってきた世代なんですよね。

――又吉さんは中学時代、副キャプテンでしたよね。リーダーシップはどうでしたか？

又吉 苦手です。向いてないです。

中村 えっ、向いてないですか？

又吉 もう全然。練習はサボらないんですよ。なんとなく評価されてそういう役割を与えられるんですけど、練習も自分ひとりでやってしまう。

中村 背中で見せていくタイプですね。

又吉 練習をメッチャするチームメイトとはコミュニケーションを取れるんですけど、しない人やとあんまり。どう接したらいいか分からへんみたいなのがありまして。

中村 又吉さんの高校時代のキャラクターってこういう感じなんだろうなって何となく分かります。

又吉 練習試合でも負けたら一人で泣いたりしていて「重いなコイツ」って感じがあったと思うんですよ。でも北陽高校になると、基本誰もサボらない。みんなも自分と一緒やったからうまくいったというか。

中村 ぼくは逆に思ったことをズバズバ言っちゃう。要求する代わりに自分もやんなきゃなって。高校、大学、フロンターレでもそうですけど。

又吉 憲剛さんはずっとキャプテンでしたよね。

中村 一応（笑）。でも、又吉さんのように意識の高い寡黙なタイプってチームには必ず誰か一人はいたんです。ぼくは、その意識レベルにまわりが追いつけるように持っていかなきゃなとはいつも思っていました。

又吉 高校レベルになってくると〝自分がスペシャルな選手じゃない〟ことが分かってくるんです。そうしたらぼくが中学で、「おい、もっと練習ちゃんとやれよ」とか言ってしまっていた彼らは、高校時代の自分と同じような気持ちやったんやなって気づいたんです。

中村 そんなこと考えていたんですね。サッカーは高校で終わりって決めていたんですか？

又吉　お笑い芸人やりたいっていう気持ちが強かったので、そこは迷わなかったですね。自分のレベルでプロっていうのはちょっと遠いな、と。

中村　ぼくは高校も無名だけど、（サッカーを続けることは）迷わなかったんですよね。又吉さんの話を聞いて〝オレ、厚かましい〟って思いました。

又吉　サッカーへの思いが強かったんでしょうね。

中村　自分に可能性があるとは思っていなかったけど、ないとも思っていなかった。又吉さんにはお笑いっていう道があったじゃないですか。ぼくに別の道はなかったから。本当に細い道を渡って大学のサッカー部に入って、上に行けば何かある

「同世代が自分よりレベルが低かったら頑張れない。」

「悔しい気持ちだけでもダメ。力に変えないと意味がない。」

かもしれないとひそかに狙っていました（笑）。

又吉　憲剛さんはそうおっしゃいますけど、自分にまだまだ伸びしろがあるっていうのをつかんでいたんじゃないかって思うんです。

中村　確かに、伸びしろはこれからだと思っていました。身長も高校の途中からグッと伸びていったので。あとは、突き進んでダメだったらそのときに考えればいいじゃんっていうのが自分のなかにあったんだと思う。でも、又吉さんはよくパッとやめられましたよね？

又吉　ある大会で、ぼくの近くにいた別チームの話が聞こえてきたことがあるんです。「北陽や。すげえな。でも、笑いやったらオレらのほうが面

白いのに」って言ってたんですけど、ぼくは心のなかで「いやいや、それはどうかな」と。そういうときに〝お笑いをやりたい〟っていう気持ちがすごくあるんやなっていうのは感じていましたね。子どものころから好きでノートにネタを書いたりしてましたから。

――サッカー、お笑いとともに、もう一つ共通するのが読書です。

中村　プロの作家さんの前では、あんまり言いたくないですけど（笑）。学生時代は授業とかで本を読む機会はいっぱいあるのでサッカーの時間を削ってまでは読書はしてなかったんですけど、プロになると、午後は（練習が終わって）丸々空いていたり、遠征も多いし実は時間があるので、本を読み出したらすごく面白くなって。

又吉　ジャンルは？

中村　小説ばかりかなあ。オススメありますか？

又吉　個人的には学生時代の教科書に載っているような小説もいいんじゃないかな、と。読書のスペシャリストが一生懸命考えて教科書に載せるわけじゃないですか。あれをほんまにちゃんと読んでいたらかなりいい読書ができるはずなんですよ。

中村　へえ〜。

又吉　ぼくも教科書の小説から入ったクチなんです。摂取したい栄養素が足りていない感じがあって、また読み始めているところです。

中村　読書ってプレーにも活きていると思うんです。本を読めば、情景や登場人物の心情を想像しなきゃいけない。想像するクセがつきます。想像力が求められるポジションでもあるので。

又吉　おそらく映像で視覚的に想像されていたとは思うんですけど、本を読むことで、その映像の密度というか、それが憲剛さんのなかでより分かりやすくなったのかもしれないですね。

中村　今の言葉、よく分かります。やっぱりサッカーも言語化しなきゃいけないんですよ。読書がサッカー選手としての厚みをもたらしてくれているなって感じるんです。そうそう、又吉さんの最新作『人間』、いままさに読んでいる最中です。

又吉　ありがとうございます。

中村　又吉さんだから書ける複雑さというか、いろんな人が絡みながら。自分ではこう思っているのに、人からはまったく違うふうに見られているとか、考えさせられます、本当に。

又吉　いろいろ感想をいただいてますけど、みんなそれぞれ引っ掛かるところが違っていて、書いたほうとしてはうれしいんですよね。

松坂の甲子園は、同世代全員に自分との現在地を考えさせた

――1980年生まれと言えば、やはり甲子園での松坂大輔はすごかった、とみんな言います。又吉さんはどのように見ていらっしゃったのか、と。

又吉　北陽も甲子園出場経験をもつ強豪なんですが、3年間死ぬほど練習してきた野球部の友達に「松坂ってすごいん?」って聞いたら「ムチャクチャすごいで」と。

中村　同じ土俵の上にいる人とは思えない。ただただすごいって思いながら見てましたね。あんなに野球を見たのは生涯で松坂さんの甲子園だけ。

又吉　実際に活躍は目の当たりにしてましたし、いま思うと励みにもなったような気がします。

中村　サッカーで言えば、ちょうど俺らは谷間の世代でしたからね。一つ上が黄金世代で小野（伸二）さんとか、稲本（潤一）さんとか。

又吉　同い年で言うと、玉田（圭司）さんとは僕、高校時代に試合をやっているんですよ。

中村　北陽と習志野ならあり得ますね。

又吉　高3の清水フェスティバルで。玉田さんに抜かれたのを覚えています。めっちゃ速かった！　その話を以前、玉田さんに振ったら全く覚えていなくて。印象を残せなかった僕の責任やな、と。

――憲剛さんはサッカーの同世代で、コイツはすごいなって思った人いました？

中村　駒澤大学時代の深井（正樹）と巻（誠一郎）の2人かな。ぼくは中央大学の1年でボールボーイをやりながら、同じ1年で試合に出て活躍する彼らを見て、絶対に負けたくないって思いました。励みになるっていうよりはそっちの感情でしたね。

又吉　ぼくもNSCの同期にキングコングがいて。彼らは在学中からどんどん有名になって、ものすごい人気。ぼく、そのとき短髪やったんで、劇場を出たら梶原くんと間違われて。若い子からキャーキャー言われて、近寄ってみたら『違うやん』って。感情としては鬱屈とした〝悔しいな〟に近い。キングコングの人気も実力も認めているので、彼らのようになりたいとは思わなかったですけど、自分の不甲斐なさを感じたというか。

中村　その感情、分かるし、似ていますよ。比較することに意味はないけど、人に負けたくないっていう気持ちはすごく大事で。だから今もこの年齢までサッカーをやれているし、それがなくなったら、やめどきじゃないかな。

又吉　自分の視点で見たら悔しい感情だと思うんですけど、これも俯瞰の視点で見たら、結局、（レベルを上げていく）共同作業になっている。同世代が全員自分よりレベルが低かったら頑張れないですもんね。もっとできる、もっとやろうというのが、全体の力になっていきますから。

中村　うん。悔しい気持ちだけ持っていてもダメで、力に変えていかないと意味がない。又吉さんが言うようにプロに入っても、負けたくないって思える人がいっぱいいたからレベルが引き上がっていったのかなと思うんです。

又吉　ぼくらもキングコングだけじゃなく、同じ世代のいろんな人がおってくれたおかげで、たとえば、〝ほかの事務所にもこんな面白い人いるんや〟と思えたし、〝今日はウケへんかったからみんなにもっと届くようなことを考えていかなあかん〟とか、そういう刺激は常にもらっていたような気がしますね。

中村　分かります、分かります。

又吉　ぼくは楽しそうにプレーしていることに憧れているから、憲剛さんからも刺激をいただいてて。ぼくも実はそこを目指しているんで。

中村　えっ本当ですか？

又吉　意外に思われるかもしれないですけど、自分の幸福度もまわりの幸福度も一緒に上げていくのが理想ですから。「又吉、なんか楽しそうやな」って言ってもらえるような芸人になりたい。

中村　うれしいです。楽しんでプレーしているのは事実なので。

又吉　その途中にいろんなしんどいことはあるんでしょうけど、楽しんでやろうみたいな心構えはあったほうがいいですよね。

中村　もうそれは絶対に。39歳になって初めての試合で（手術が必要な）ケガしちゃいましたけど、リハビリも前向きにやろうかなって考えています。

――２０２０年、不惑を迎えられます。

又吉　ぼくは40歳ってイメージしたことなかったですね。40歳になって生きているかどうかも正直分からんぐらいに思ってて。

中村　太宰治みたい。

又吉　本当に太宰が死んだ38歳までは絶対に生きようと思ってたんですけど、以降のビジョンが見えていなかったんです。でも正直いまワクワクしていんです。何やっていこうかなって。

中村　現役のサッカー選手としては、30歳以降、特に35歳過ぎてからは、まわりに同じ年齢の選手が少なくなるので、ずっと未体験ゾーンになっていったんです。だからここから先はもう自分の感覚でしか進めない。経験からサッカーのことは大体予想もできるんだけど、このケガだけはまったくの想定外。でもこれも刺激だと思っていて。復帰したときに、また視界がパッと開けるんじゃないかって期待しているんです。

又吉　ぼくは惑うし、惑いまくってもいます。

中村　それって惑えるほどの選択肢があるってことにもなりますよね。いままでしっかりやってきたからこそ選択肢がいっぱいある。それは幸せなことなんじゃないかって俺は思いますけど。

又吉　昔は同世代の人がすごく活躍していたら「俺、何やってんやろ……」みたいな嫉妬のほうがでかかったんちゃうかとは思いますけど、この年齢になってくると段々変わってきて、応援もしたくなるし、力ももらえる感じがありますよ。

中村　うん。ネガティブな感情はほぼ生まれないですね。松坂さんとか会ったことないけど「いいな」と思うことが結局パワーになっている。この

本に出てくるタマ（玉田）もオグリ（大黒）も同志みたいなもんです。応援したいし、逆に力ももらえています。

又吉　「しずる」の村上も僕らと同級生なんですけど、松坂さんが甲子園の決勝でノーヒットノーランをやったとき、友達3人でいろんなお店のチャーハンを食べて回るっていう遊びをやってて。3軒目で「もう食えねえよ」ってなったときにちょうどテレビで松坂さんの投球が目に入ってきたらしいんです。それを観て「俺ら何やってんだ……」と。いまもあのときの記憶がずっと焼きついているとか。みんなそれぞれ、あのとき何か思ったことありますよね。

中村　それは絶対！　やっぱりあの準々決勝から決勝までは、自分の現在地と松坂さんの現在地を、どうしても比べてしまう瞬間でしたしね。多感な18歳だし。

又吉　50歳くらいになったとき、「まだあの世代頑張ってんな」みたいに思われたらいいですよね。

中村　いいですね！　でも、50歳？　さすがに選手は無理だと思うんだよなあ。指導者になって頑張っているかな（笑）。

又吉　お笑いの場合、まだ60代が現役ですから。

おわりに

哲人は目で聞いていました。

盛り上がった中村憲剛選手と又吉直樹さんの対談のことです。又吉さんが語るたびに、憲剛選手がまさに食い入るように見つめていたことが何よりも印象的でした。納得しながら、感心しながら、「へえ」と目を丸くしながら。

対談が終わった後に、そのことを彼に伝えました。するとこう返ってきました。

「又吉さんとこうやって話せる機会なんて滅多にないし、貴重じゃないですか。いろいろとヒントになることが多いから絶対に聞き漏らしたくない。前回、一緒に食事をしたときもそうだったんです。タメになって刺激にもなって。だからそんな目になったんですかね」

共感のようで、共鳴のようで。


お互いに深くうなずいたやりとりがありました。これは「おわりに」に掲載したい！と考えました。

なぜ自分のキャリアを切り拓くことができたか。

憲剛選手は言いました。

「目の前のことをとにかくやってきたら、こうなったたっていう。その根底にあるのが、自分に期待していることと自分を信じること。そうやって理想の自分にどれだけ近づけるか、可能性にフタをしなかったことが大きかったなとは思います」

それは大事なこと。と、即座に反応する又吉さんがいました。

「こうなりたい自分と、いまの自分の差異。この距離が苦しみの素やと思っているんですよ。（距離が）詰まっていくと、なんかできてきたみたいな喜びに変わる。途方もない距離に何となく絶望してやめちゃう人が多いと思うんですけど、ここを行けるかどうかって結構重要で、ぼくも割と同じようなことはしてきたかもしれない」

可能性にフタをしない。

途方もない距離にも絶望せず、ここを行く。

意思疎通のキャッチボールに、聞いている筆者もゾクゾクッとしました。

言うまでもなく、ふたりの道は交差していません。一人はサッカーに、もう一人はお笑い、そして作家の道に。孤独に「苦しみの素」と付き合い、喜びに変えてきた彼らだからこそ分かり合える感覚なのかもしれません。

成功体験ではなく、あくまでも自分なりに歩んできた自己体現。

そこに良いも悪いもなく、純粋かつ粘着の意欲そのものが人間の道理を照らす「哲」となるのだと感じさせてくれました。

この場を借りまして取材、インタビューに協力いただいた7人のアスリートのみなさん、中村憲剛さん、館山昌平さん、大黒将志さん、玉田圭司さん、木村昇吾さん、和田毅さん、寺内健さん、そして各関係の方々に感謝申し上げます。そして特別対談にご登場いただいた又吉直樹さん、本当にありがとうございます。

また、業界で知らない人はいないカメラマンの重鎮、熊谷貫さんにすべての撮影を担当していただきました。自然体の〝いい表情〟からは、深みと味わいがジワッと伝わってきます。デザイナーの後藤正仁さんにはシャレオツなブックデザインに仕上げていただきました。そして集英社の宮崎幸二さんにはノンフィクションサイト「よみタイ」の連載から書籍化まで尽力いただきました。

縁というものは不思議なものです。

宮崎さんとは同じ愛媛県の出身ということもあり、何となくシンパシーを感じました。その宮崎さんを紹介してくれたのが、同じ1972年生まれで日大の同級生である高橋史門くんです。大学時代は特に仲が良かったわけじゃないんです。

でもなぜだか、卒業後も気になる存在でしたし、逆に「おー、二宮、何やってんのー。お前のコラム読んでんぞー」と気に掛けてくれました。エディター、スタイリスト、ライターに俳優業。史門くんの肩書きはいっぱいあって、何に対しても一生懸命な彼の姿はいつも大いなる刺激です。それはアラフィフに近づいている今も変わりありません。そして初回の中村憲剛選手の記事がアップされたとき、真っ先に感想を伝えてくれたことがどれほど励みになったか。今回、宮崎さんをはじめ、多くの方の縁をいただいた彼にもあらためて感謝したいと思います。同い年って、ありがたいなってつくづく感じています。

みんなで戦っているから、みんなが引き上げられている。

又吉さんの言葉、ジーンと響きました。

アスリートだけじゃなく、それはいろんな世界でも。

明日もまた元気出して、いっちょ頑張ってみるか。

２０１９年12月　　二宮　寿朗

※本書は集英社のウェブサイト「よみタイ」で２０１８年12月〜２０１９年10月まで連載された「１９８０年生まれ。戦い続けるアスリート」に、加筆・修正、書き下ろしを加えたものです。

二宮寿朗 NINOMIYA TOSHIO

にのみや·としお●スポーツライター。1972年生まれ、愛媛県出身。日本大学卒業後、スポーツニッポン新聞社に入社し、格闘技、ラグビー、ボクシング、サッカーなどを担当。退社後、文藝春秋「Number」の編集者を経て独立。著書に「松田直樹を忘れない。」(三栄書房)、「サッカー日本代表 勝つ準備」(実業之日本社、北條聡氏との共著)、「中村俊輔 サッカー覚書」(文藝春秋、共著) などがある。

ブックデザイン	後藤正仁
撮影	熊谷 貫
校正	鷗来堂
編集	宮崎幸二(集英社)

鉄人《てつじん》の思考法《しこうほう》 1980年《ねん》生《う》まれ、戦《たたか》い続《つづ》けるアスリート

2020年1月11日　第1刷発行

著　者　二宮《にのみや》寿《とし》朗《お》
発行者　茨木政彦
発行所　株式会社　集英社
〒101-8050　東京都千代田区一ツ橋2-5-10
電話　編集部　03-3230-6143
読者係　03-3230-6080
販売部　03-3230-6393（書店専用）
印刷所　中央精版印刷株式会社
製本所　加藤製本株式会社

ISBN978-4-08-788031-1　C0095